郭 琦◎著

教育部人文社会科学研究青年基金项目
“新旧动能转换背景下就业风险识别、测度与防控研究：基于风险系统视角”
（项目编号：20YJC790035）

新旧动能转换背景下

我国就业风险研究

企业管理出版社
ENTERPRISE MANAGEMENT PUBLISHING HOUSE

图书在版编目（CIP）数据

新旧动能转换背景下我国就业风险研究 / 郭琦著 . — 北京：企业管理出版社，2024.3

ISBN 978-7-5164-2728-6

Ⅰ . ①新…　Ⅱ . ①郭…　Ⅲ . ①就业问题 – 风险分析 – 研究 – 中国　Ⅳ . ① D669.2

中国国家版本馆 CIP 数据核字（2024）第 052947 号

书　　名：新旧动能转换背景下我国就业风险研究
书　　号：ISBN 978-7-5164-2728-6
作　　者：郭　琦
策划编辑：侯春霞
责任编辑：侯春霞
出版发行：企业管理出版社
经　　销：新华书店
地　　址：北京市海淀区紫竹院南路 17 号　　**邮编**：100048
网　　址：http：//www.emph.cn　　**电子信箱**：pingyaohouchunxia@163.com
电　　话：编辑部 18501123296　　发行部（010）68701816
印　　刷：北京厚诚则铭印刷科技有限公司
版　　次：2024 年 4 月第 1 版
印　　次：2024 年 4 月第 1 次印刷
开　　本：710mm × 1000mm　　1/16
印　　张：12.5 印张
字　　数：205 千字
定　　价：69.00 元

目录

1 引　言

1.1 研究背景及意义

1.1.1 研究背景

当前我国经济发展正处在新旧动能转换和经济转型升级的重要时期，高质量发展步伐正在加快，各种矛盾和问题也逐渐凸显。就业作为社会发展的一个重要组成部分，也面临着风险。就业本身以及由此引发的一系列隐性的或显性的社会问题不容忽视，就业风险是我国目前和未来一段时间内需要应对的重要风险之一。

新旧动能转换既是培育新动力的过程，也是多种风险和矛盾加速释放的过程。新旧动能转换在带来新兴就业的同时，也使传统岗位面临挑战。新旧动能转换对人力需求结构及模式造成冲击，对我国的就业格局产生了深刻影响。防范化解就业风险，稳定就业形势，成为就业工作的核心要务。当前我国防范化解就业风险要立足于我国经济正处于增长动力转换攻关期的现实基础。本研究就是要构建我国经济增长动能转换背景下就业风险的测度及防范化解机制。

1.1.2 研究意义

防范化解就业风险，稳定就业形势，是当前就业工作的核心要务。因此，研究新旧动能转换背景下我国就业风险的评估与防范化解机制，符合国家守住风险底线的战略，具有重要的理论和现实意义。通过本书的研究，构建就业风险评价指标体系，提出新旧动能转换背景下有效防范化解就业风险的应对机制，可以为政府部门监测和预防就业风险提供理论依据，为政府制定防范化解就业风险的战略提供政策参考。

紧扣防范化解重大风险的目标和新旧动能转换的时代背景进行研究，是一项应急应需的任务。本书以防范化解重大风险为目标，坚持学术研究和现实管理两个导向，对新旧动能转换背景下的就业风险进行实证研究，为防范化解就业风险提供理论依据和可操作的技术思路。

1.2 研究目标与研究内容

1.2.1 研究目标

本书将就业风险作为研究主题，力图解决以下问题。

（1）构建就业风险评价指标体系。在资料梳理、专家访谈和实地调研基础上，基于科学性、可操作性等原则筛选就业风险测度指标。

（2）就业风险测度。从时间序列角度，利用已构造的测度指数，对我国各时期的历史数据进行分析，比较各时期就业风险的差异。从截面数据角度，测算不同地区的就业风险并加以比较。

（3）新旧动能转换对就业风险影响的实证分析。基于省级面板数据，利用面板固定效应模型，实证分析新旧动能转换对就业风险的影响。

（4）提出就业风险的防范化解对策。针对我国经济从高速增长转向高质量发展的现实基础，提出符合国家战略的对策建议。

1.2.2 研究内容

本研究的内容包括以下六个部分。

第一部分：引言。阐述了本书的研究背景及意义，明确了研究目标和研究内容，说明了研究思路和研究方法，并指出了本研究的创新点。

第二部分：相关文献综述。对国内外学者关于就业风险、新旧动能转换的研究文献进行系统梳理，为研究新旧动能转换背景下的就业风险奠定理论基础。

第三部分：新旧动能转换背景下我国就业风险的基本状况。本部分基于客观数据，从失业风险、动能风险、结构风险、收入风险、健康风险和保障风险六个方面描述和分析新旧动能转换背景下我国就业风险的演变特征。

第四部分：就业风险测度与时空演变特征分析。在分析就业风险内涵的基础上，从风险源的角度，将就业风险分为失业风险、动能风险、结构风险、收入风险、健康风险和保障风险六个维度，构建了包括 6 个一级指标、17 个二级指标在内的就业风险评价指标体系。然后分别测度了全国就业风险指数和各省份就业风险指数，分析就业风险的时空演变特征。

第五部分：新旧动能转换对就业风险影响的实证研究。为实证分析新旧动能转换对就业风险的影响，选取知识能力、经济活力、创新驱动、网络经济、转型升级 5 个一级指标，11 个二级指标测度我国各省份新旧动能转换综合指数及各分类指数。利用 2006—2020 年省级面板数据构建面板固定效应回归模型，实证分析新旧动能转换综合指数对就业风险的影响，并进一步对新旧动能转换五个分类指数进行分维度回归。

第六部分：防范就业风险的对策建议。从失业风险、动能风险、结构风险、收入风险、健康风险和保障风险等方面提出了防范就业风险的对策建议。

1.3 研究思路与研究方法

1.3.1 研究思路

本研究的基本思路是：首先界定就业风险的内涵，从经济增长动能转换风险源入手，构建就业风险评价指标体系；然后对就业风险进行综合评估，并实证分析新旧动能转换对就业风险的影响；最后提出防范就业风险的对策建议。

1.3.2 研究方法

本研究对新旧动能转换背景下我国的就业风险进行了定性与定量分析。通过构建就业风险评价指标体系，评价我国整体就业风险水平和各省份就业风险状况，并实证分析新旧动能转换对就业风险的影响。主要的研究方法归纳如下。

（1）文献研究法。通过阅读和分析国内外文献，系统梳理就业风险的基本内涵，归纳就业风险评价指标和影响因素的研究成果。对新旧动能转换与就业相关文献进行综述，为后文的实证分析奠定基础。

（2）熵权法、等权重法、AHP-熵权法。本研究从风险源的角度，将就业风险分为失业风险、动能风险、结构风险、收入风险、健康风险和保障风险六个维度，构建了包括6个一级指标、17个二级指标在内的就业风险评价指标体系。在合成就业风险指数时，本研究选取了熵权法、等权重法和 AHP- 熵权法三种赋权方法分别计算得到熵权法就业风险指数、等权重法就业风险指数和 AHP- 熵权法就业风险指数，以保证就业风险测度结果的稳健性。

（3）回归分析方法。为实证分析新旧动能转换对就业风险的影响，本研究利用 2006—2020 年省级面板数据构建面板回归模型，对新旧动能转换综合指数对就业风险的影响进行了回归，并进一步对新旧动能转换五个分类指数进行了分维度回归。

1.4 研究贡献与创新性

本研究可能的贡献与创新性主要体现为以下几点。

（1）梳理了就业风险的概念和内涵，并从全面风险管理的角度界定就业风险。国内外学者对就业风险的内涵并没有达成统一的意见，对就业风险概念的界定有宏观与微观、广义与狭义之分。就业风险受多重因素的影响，错综复杂地存在于社会系统内部且无法避免。本研究基于全面风险管理理论对就业风险展开全方位的系统研究，属于广义和宏观意义上的就业风险研究。本研究从全面风险管理的角度，将就业风险界定为涵盖就业全过程全方位的、可能影响其目标实现的各种风险。在分析就业风险内涵的基础上，本研究进一步从风险源的角度，将就业风险分为失业风险、动能风险、结构风险、收入风险、健康风险和保障风险六个维度。以往对就业风险的研究多是单一、碎片化的，然而就业风险受众多因素的影响，是一个多元复杂体系。本研究从全面风险管理、风险源的角度进行分析，更符合其实质内涵。

（2）构建了符合我国新旧动能转换背景的就业风险评价指标体系。以往对就业风险的测度大多立足于各自的研究需要或数据可得性，缺乏统一分析框架。本研究在经济增长动能转换的统一框架下研究就业风险，构建了更符合我国新旧动能转换背景的就业风险评价指标体系。本研究从经济增长动能转换风险源入手，识别就业风险要素，构建就业风险评价指标体系。客观中肯的评估是监管及防范就业风险的前提，本研究创建的这一评价体系将弥补现有指标单一、主观、适用狭隘等不足。

（3）实证分析了新旧动能转换对就业风险的影响。国内外学者主要从产业结构、国际贸易、制度政策、劳动者人力资本等角度考察就业风险的影响因素，鲜有学者从新旧动能转换角度分析就业风险的影响因素。本研究通过构建新旧动能转换指数，实证分析新旧动能转换综合指数对就业风险的影响，并进一步实证分析新旧动能转换各分类指数（知识能力指数、经济活力指数、创新驱动指数、网络经济指数、转型升级指数）对就业风险的影响，丰富了新旧动能转换对就业风险影响的研究。

2 相关文献综述

在这一章，本书将分别对就业风险、新旧动能转换、新旧动能转换与就业的相关文献进行梳理，并进行简单的评述，以发现现有研究可能存在的问题与不足，为后文的理论分析及实证检验提供相关基础。

2.1 就业风险研究综述

2.1.1 就业风险的内涵

目前，学者们对就业风险的研究时间尚短，关于就业风险的内涵尚未有统一的解释。学者们对于就业风险的认知不完全相同，从不同的角度来理解就业风险。

关于就业风险的内涵，可以分为宏观层面与微观层面两层释义。宏观层面的就业风险是对整个国家或地区而言的，指就业的不确定性给宏观经济带来不利影响的可能性；微观层面的就业风险是对劳动者个体而言的，指有就业意愿的劳动者在劳动力市场上未能与生产资料充分或理想结合的可能性（唐海燕，2008；黄波和王楚明，2010）。

对就业风险概念的界定有狭义与广义之分。狭义的就业风险概念将考察范畴集中在就业机会上，指劳动力市场上有就业意愿的劳动者没有就业机会，即失业风险。比如，Todaro（1969）将农村剩余劳动力的就业风险界定为获得工作概率的大小。王尚银（2007）将就业风险定义为一个风险区，认为劳动适龄人口总量大于实际就业人口量需在一定的限度范围内，若超出这个限度，就进入了就业风险区。刘毅和刘西国（2015）认为劳动力在流动过程中可能出现的无法就业的情况即为就业风险。张成（2018）将就业风险定义为就业群体不能充分就业的情况，认为就业风险源于外部环境的复杂多变和就业主体的局限性，具有抽象性和不确定性，与此同时，就业风险在社会内部遵循一定的规律并能在社会内部进行传导。广义就业风险概念的考察范畴不仅限于就业机会，还包括劳动过程中工作不稳定、就业质量不高等风险。比如，Ranis 和 Fei（1961）将农村剩余劳动力的就业风险界定为工资获得与否及其高低的问题。赵树凯（1995）认为就业风险包括失业、就业过程中的权益损失和意外伤害等。陈晓峰（2003）认为就业风险包括三个要素，即就业时境、就业实力与就业关系，三者相互影响、相互作用，错综复杂地构成就业风险，而且就业风险变化难测。武向荣（2004）将大学毕业生就业风险界定为大学毕业生可能面临的失业、职业和学历不匹配、低收入等风险。张亚强（2012）将大学毕业生就业风险界定为：就业环境中多种不确定性因素和毕业生个体预期的不完善导致的毕业生在就业过程中面临的金钱、时间、机会、心理压力等可能的损失。张然和李吉栋（2014）指出，劳务派遣员工的就业风险包括职业发展前景不确定、同工不同酬、工作环境差、社会保障权利缺失、职业技能培训机会缺乏等方面。张帅和王东（2020）将大学生就业过程中面临的时间损失或财务损失，以及产生的心理压力等问题定义为大学生就业风险。

综合国内外文献可知，国内外学者对就业风险的内涵并没有达成统一的意见，对就业风险概念的界定有宏观与微观、广义与狭义之分。就业风险受多重因素的影响，错综复杂地存在于社会系统内部且无法避免。本研究基于全面风险管理理论对就业风险展开全方位的系统研究，属于广义和宏观意义上的就业风险研究。

2.1.2 就业风险的测度

从国内外已有的关于就业风险度量的实证研究中可以看出，对于就业风险的衡量及评估，众多学者采用了不同的测度方法。目前，就业风险的度量方法主要包括劳动力需求弹性法、变异系数法、失业率法、模型推导法、主观评价法以及指标体系法。

（1）劳动力需求弹性法。基于劳动经济学理论，劳动力需求弹性可以在一定程度上刻画劳动者就业风险的大小。劳动力需求弹性可以反映工作稳定性、劳动雇佣关系、劳动者安全感等方面，进而衡量劳动力就业风险。Rodrik（1997）指出，劳动力需求弹性上升，会增加劳动者的工资波动和就业波动，增大劳动者的就业风险。Scheve 和 Slaughter（2004）基于不确定性的视角，分析了劳动力需求弹性与就业稳定性的关系，认为劳动力需求弹性越高，就业不确定性越大。Fabbri 等（2003）指出劳动力需求弹性上升会加剧收入波动，缩短劳动合同期限，弱化劳动者的工资谈判地位，增加劳动者的就业不安全感。Bertrand（2004）指出，在劳动力需求弹性较高时，劳动者承担劳动力市场的波动风险。盛斌和牛蕊（2009）指出，劳动力需求弹性是研究贸易对就业风险、劳动雇佣关系和工作稳定性的传导机制的核心指标。李娟（2012）认为劳动力需求弹性可以反映就业市场稳定性和就业风险，劳动力需求弹性越高，劳动者不安全感越大，就业风险越大。史青等（2014）用劳动力自身需求弹性、技术工人与非技术工人交叉需求弹性衡量劳动力就业风险，认为这两类弹性均可以体现劳动者所面对的就业压力及就业稳定性。

（2）变异系数法。利用变异系数（CV）衡量就业风险程度的方法也较为常见。国外学者较早使用变异系数测度就业风险，如 Mishra 和

Goodwin（1997）、Ito 和 Kurosaki（2009）、Bezabih（2010）等。陈帅和葛大东（2014）基于微观农户调查数据，借鉴国外学者用变异系数测度风险程度的方法，用全村非农就业劳动力的年非农收入标准差除以均值，计算非农收入变异系数来衡量非农劳动市场的就业风险。田艳君等（2017）选取湖南省 2015 年和 2016 年流动人口监测数据，把全国分成东部、中部、西部和东北四个区域，利用变异系数来测度就业风险。

（3）失业率法。有学者采用失业率来衡量就业风险。比如，黄波和王楚明（2010）、黄波（2012）基于不同的失业率对应不同的就业风险等级，运用排序 Logit 和 Probit 模型，以就业风险等级为因变量，以就业风险因素为自变量预测就业风险。刘毅和刘西国（2015）采用未找到工作的外地区劳动力数量占本地区的外地区劳动力总量的比值衡量就业风险。

（4）模型推导法。Assaad 和 Tunali（2002）运用静态劳动力供给模型推导出一个结构表达式来量化就业风险补偿。Black 和 Kniesner（2003）运用乐观工资模型测量就业风险。Low 等（2010）通过构建结构性消费生命周期模型，从劳动力供给和就业流动来区分不同的就业风险源。

（5）主观评价法。测度就业风险的主观评价法，主要是利用调查问卷来度量被调查者对就业风险的主观感知。程名望和史清华（2010）利用 364 份沪鲁晋的务工样本进行实证分析，采用被调查者“对就业风险的整体感觉”来衡量就业风险。程名望和潘烜（2010）基于调查问卷，用“对就业风险的整体感觉”“对自己就业能力的评价”等 19 个变量来衡量就业风险。顾永红和彭超然（2012）基于调查问卷，以农民工对“担心失去现在的工作吗？”的回答来测度农民工的就业风险。

（6）指标体系法。国外学者通过构建劳动力就业风险指标体系来度量就业风险，或者以宏观指标为主，或者以微观指标为主，如 Blau 和 Riphahn（1999）、Bradley 等（2003）。国内少数学者也开始选取多个就业风险指标，构造就业风险指标体系来测度就业风险。比如，武向荣（2004）从风险专业特征评价、风险主体评价和风险市场环境评价三个方面构建了大学毕业生就业风险评价指标体系。国家发展和改革委员会社会发展研究所课题组（2019）结合经济新常态背景，从就业动能风险、裁员风险和失业风险三个方面构建就业风险指标体系，测度我国经济新常态下的就业风险。

综合国内外文献可知，以往对就业风险的测度大多立足于各自的研究需要或数据可得性，缺乏统一分析框架。本研究将在经济增长动能转换的统一框架下研究就业风险，构建更符合我国新旧动能转换背景的就业风险评价指标体系。本研究将在厘清我国转型期经济动能转换的基本特征的基础上，从经济增长动能转换风险源入手，识别就业风险要素，构建就业风险评价指标体系。

2.1.3 就业风险的影响因素

总体而言，就业风险的影响因素大致可以分为外部环境因素和劳动者自身因素两大方面。

1. 外部环境因素

从外部环境因素来看，产业结构、国际贸易、制度政策等因素均会影响劳动者的就业风险。

（1）产业结构。部分学者认为，产业结构的升级会产生对就业的排挤效应。Hienghe（2002）研究发现，导致美国就业市场失衡的重要原因是产业结构的变动。詹浩勇（2010）认为在产业结构变迁过程中，劳动力就业的长效机制没有被构建，因此，市场在遭遇外部冲击时，便会出现新的就业风险。刘毅和刘西国（2015）利用空间极化模型实证研究产业结构冲击对就业风险空间极化的影响，研究结果表明第三产业产值的变动冲击是影响就业风险的重要因素。

（2）国际贸易。随着国际贸易的不断发展，劳动力市场也会呈现出一种动态的变化，其变动在不断影响就业风险。Rodrik（1997）最早从理论上指出贸易会影响劳动力需求弹性，从而影响劳动力市场。此后，国内外众多学者运用数据进行实证检验，得出了不同的研究结果。Krishna 等（2001）利用土耳其制造行业的数据进行实证检验，结果表明进口贸易自由化对劳动力需求弹性没有显著影响。Slaughter（2001）利用 1961 年至 1991 年的美国行业数据进行分析，发现仅在非生产性劳动力市场上，贸易会提高劳动力需求弹性。Hasan 等（2007）对印度制造业的进口贸易进行了研究，结果表明贸易自由化会增加劳动力需求弹性。Mitra 和 Shin（2012）研究了制造业劳动力需求弹性与韩国贸易开放之间的关系，结果表明劳动力需求弹性随着贸易出口的增加而逐渐增加。周申（2006）使用 1993 年至 2002 年中国 34 个工业行业的面板数据，实证检验了贸易自由化对中国工业劳动力需求弹性的影响，发现进口自由化提高了工业劳动力需求弹性，使工业部门劳动者面临较大的压力。盛斌和牛蕊（2009）使用 1997 年至 2006 年的中国工业面板数据，通过构建固定效应模型来研究贸易与劳动力需求弹性之间的关系，结果表明进口贸易自由化会增加劳动力需求弹性，但当考虑出口贸易后，贸易开放最终降低了就业风险。史青等（2014）用劳动力自身需求弹性、技术工人与非技术工人交叉需求弹性衡量劳动力就业风险，并运用 2000 年至 2007 年中国工业企业数据，实证检验了企业出口对劳动力就业风险的影响，发现除高科技与资本密集型行业外，总体而言出口增加了劳动力就业风险。

（3）制度政策。黄波（2012）基于宏观政策的角度进行分析，认为财政政策和货币政策影响劳动者的就业风险。增加财政支出在一定程度上可以促进就业，而扩张或紧缩的货币政策则加大了就业的不确定性。张然和李吉栋（2014）指出，就业政策重效率轻公平和相关法律不完备等因素导致劳动者面临多方面的就业风险。韩雪和张广胜（2015）指出，劳动力市场等相关体制性因素是诱发就业风险的主要因素，由于劳动力市场分割的体制性障碍，在正规部门[①]就业会降低就业风险。邓大松等（2015）指出就业制度和社会保障制度不完善导致农民工面临就业风险。

2. 劳动者自身因素

从劳动者自身因素来看，劳动者的人力资本以及就业意识等是影响就业风险的重要因素。如张亚强（2012）认为导致毕业生就业风险增加的主要因素是就业风险意识淡薄和综合素质缺乏社会化。韩雪和张广胜（2015）指出，劳动力个体的人力资本差异性在很大程度上决定了就业风险的高低，随着劳动者人力资本水平的提高，其就业风险会下降。邓大松等（2015）指出农民工劳动者拥有的就业机会相对较少，面临的就业风险较大，农民工人力资本积累不高加剧了其就业风险。张然和李吉栋（2014）从派遣劳动者自身的角度进行分析，指出派遣劳动者受教育水平低、维权意识弱是其面临较高就业风险的重要原因。顾永红和彭超然（2012）基于农民工调查数据，实证分析了人力资本对农民工就业风险的影响，结果表明性别、年龄和工作年限显著影响农民工的就业风险。

① 正规部门是指工资水平高、工作稳定、就业环境良好的部门，如机关、事业单位、大企业等。与之相对的是非正规部门，特征是工资低、福利差、就业不稳定。

综上所述，国内外学者主要从产业结构、国际贸易、制度政策、劳动者人力资本等角度考察就业风险的影响因素，鲜有学者从新旧动能转换角度分析就业风险的影响因素，所以本书针对新旧动能转换对就业风险的影响进行实证研究。

2.1.4 就业风险的防范对策

就业风险在社会系统内部具有传导性，随着就业风险在社会系统内部的传导，经济发展和社会稳定的内部隐患会逐步显现，因此，就业风险的防范对经济发展和社会稳定起到至关重要的作用。学者们从不同角度提出了防范就业风险的对策建议。

从政府等相关部门的角度来看，陈晓峰（2003）认为就业风险不能做到完全化解，应该从局部入手，暂时做到相对化解，最大限度减弱就业风险流的演化，相关管理部门应将就业风险传导的方向进行分散转移，对不确定性后果及早处理。邓大松等（2015）从新型城镇化方面入手探讨就业风险的规避对策，从政治、经济以及劳动者自身出发，提出加快户籍制度改革、建立责任型政府、调整产业结构等对策。张成（2018）提议采取稳定的社会系统来改变就业风险的承受限度，抑制并延缓就业风险的迸发。赵大全（2019）指出防范就业风险的关键手段是实施恰当的财政政策，做好防范就业风险预案以及着力扩展就业空间。廖程静（2020）从风险管理的视角，建议各部门增强风险防范意识，加强就业信用体系建设。程海龙（2021）认为降低就业风险应不断完善失业保险制度，鼓励待就业群体灵活创业和就业，同时政府应建立完善的教育培训体系和开发新兴岗位。李萍和谌新民（2011）认为，平衡发展经济、统筹社会保障、提供均等化公共服务等一系列措施能有效扩大整体就业容量，降低就业风险，减少劳动者的失业成本。彭晓艳（2009）基于风险社会理论的视角提出化解就业风险的思路，首先是提高劳动者的素质，完善就业援助制度，与此同时建立城乡统一的就业系统，在转变劳动就业群体就业观念的基础上使其树立正确的风险意识。铁明太（2011）基于农村籍大学生就业的视角，提出四项缓解就业风险的对策，即优化就业环境、培育高校特色、开拓个人社会资本以及强化风险意识。韩雪和张广胜（2015）基于Logit模型进行实证分析后提出两条政策建议，即建构公平就业政策消弭行业分割和通过职业培训增强就业主动性。田帆（2016）提出在经济新常态背景下，应更多关注国际形势变化和困难群体就业，通过促进人力资本合理流动来防范就业风险。万昆（2019）从人工智能发展带来就业风险的角度进行分析，提出防范未来人工智能带来的就业风险应加强基础科学研究，转变人才培养方式，更新就业教育理念。赵钊翊（2022）基于大学生视角提出积极应对就业风险的对策，即先接受就业风险，再规避就业风险，最后调整自己的心态，改变发展思路，转移就业风险。车蕾和杜海峰（2019）提出就近就业的策略，认为降低就业风险的关键是增强弱势群体抵御风险的能力，另外提升就近务工者收入的稳定性和健全社会保障也能起到降低就业风险的作用。

综上所述，学者们从不同角度提出了防范就业风险的对策建议。本书将在经济增长动能转换的统一框架下研究就业风险，并据此提出更具针对性的就业风险防范对策。

2.2 新旧动能转换研究综述

近年来，我国经济发展趋于稳定，然而，目前的经济发展存在路径依赖，缺乏新的动能促进经济增长。因此，经济要实现高质量发展离不开新产业的支持。新旧动能转换的概念出自我国的官方术语表达，2015 年新旧动能转换的概念被提出。近年来，我国进入了新旧动能转换的关键时期，实现产业升级、推动经济由劳动密集型向知识密集型转变是新旧动能转换的重大战略举措。国内众多学者正在积极围绕“新旧动能转换”的议题展开研究。本节将从新旧动能转换的内涵与特征、新旧动能转换的测度、新旧动能转换的制约因素以及新旧动能转换的驱动因素与路径选择四个方面进行文献梳理。

2.2.1 新旧动能转换的内涵与特征

我国目前对于新旧动能转换内涵的研究还处于初步的探索阶段，对其研究仍然缺乏系统、深入的理论分析，主要呈现出碎片化格局和多元化研究视角。对新旧动能转换内涵的深入剖析对于探索改革实施路径有着重要作用。

关于新旧动能转换的内涵与特征，目前众多学者从产业结构的角度来理解。王小广（2015）分别从产业结构和需求结构的角度来理解新旧动能转换：从产业结构的角度来看，是指新业务迅速发展，新产业逐步替代传统产业，经济结构中服务业逐步占据主导地位；从需求结构的角度来看，是指消费需求不断升级，消费热点的形成逐渐加快，消费对经济增长的拉动力逐渐增强。赵丽娜（2017）以山东省为例，提出新旧动能转换的外在表现是产业结构升级，而产业结构升级的内在动力是新旧动能的有序转换，两者相辅相成，共同促进经济有序发展。李晓华（2019）从内在驱动力和外在表现两个角度考察新旧动能转换的内涵，即新旧动能转换是指经济增长动力和产业结构的转换。余东华（2018）认为发展方式的新常态、发展战略的新常态以及发展动能的新常态促进中国进入了新的发展阶段，将新旧动能转换的内涵解释为发展新技术和发展新产业，指出应在对传统动能持续改造的基础上，通过创新来实现新动能的持续升级，从而实现新旧动能的接续转换。赵炳新等（2018）认为经济发展新动能的要素已经发生了变化，新动能不仅体现为新兴产业的壮大，也体现为产业、组织、市场、政府、区域等多主体协同发展形成的新模式和新网络。董彦岭（2018）认为加快传统产业转型升级，准确把握动能转换过程中的各种利益关系至关重要，指出新旧动能的转换具有艰巨性和长期性，并将新旧动能转换的内涵定义为发展“四新产业”。

此外，张文和张念明（2017）从供给侧的角度来定义新旧动能转换，并根据难易程度和时间跨度将新旧动能转换划分为五个层次，认为新旧动能转换在器物层、技术层、产业层、制度层以及观念层五维结构中具有开放性的内涵。杨蕙馨和焦勇（2018）从微观、中观和宏观三个层面来理解新旧动能转换：在微观层面，新旧动能转换是各个生产要素组合创造经济增长的方式的综合改变；在中观层面，新旧动能转换是一个结合城乡经济增长的动态转变过程；在宏观层面，新旧动能转换立足社会视角，是经济由高速发展向高质量发展转变的动态过程。陈静等（2018）认为新旧动能转换是指利用新技术和新模式对旧动能进行提升改造，促进经济从外延式扩张向内涵式增长转变。宁朝山（2019）认为基于经济发展的不同层面，新旧动能转换具有不同的内涵，总体而言，新旧动能转换是指新动能逐渐替代旧动能的过程。盛朝迅（2020）认为新旧动能转换就是经济发展从要素驱动向创新驱动转换的过程，是先进生产力代替落后生产力的过程，新动能推动了新技术、新产业、新模式快速涌现，旧动能也在不断地改造升级，目前，创新驱动、集约高效以及跨界融合已经成为新动能的主要特征。

综上所述，从字面理解，支撑社会经济发展的新动力和能量都可以理解为新动能；从本质理解，新动能是基于技术创新形成的推动经济发展的新动力。新旧动能转换的内涵和特征主要体现为产业转型升级，新兴产业迅速发展，传统产业逐步被替代。

2.2.2 新旧动能转换的测度

基于对新旧动能转换内涵的不同理解和对驱动因素的不同研究，众多学者尝试从不同的视角对新旧动能转换进行测度。

第一，基于全要素生产率分解。张海洋和金则杨（2017）从新产品全要素生产率的角度建立创新与 TFP 的关系，运用全局曼奎斯特（Malmquist）生产率指数来估算新产品全要素生产率。马秀贞和孙习武（2018）认为新旧动能转换本质上属于经济增长问题，因此利用索洛模型测算全要素生产率，研究得出目前的经济增长动力仍以旧动能为主。侯晓东（2018）利用全要素生产率对经济发展贡献度、经济发展动力结构进行实证分析。李长英等（2021）利用 1998 年至 2017 年 29 个省份的面板数据来构建新旧动能综合指标体系，并基于全要素生产率的研究方法，采用双变量门槛回归来分析各个省份新旧动能转换的区域特征。

第二，基于新旧动能构造指数。郑江淮等（2018）从三个维度出发，利用经济增长的动能指数指标来研究经济发展的动力来源。吴俊熠（2018）构建新动能综合指标体系，选取适当的指标后，运用熵权法对各指标赋予权重，从整体上对工业细分行业进行评估。吴净（2019）利用层次分析法，从科技创新、效率提升、拓展空间以及经济结构四个维度出发构建动能转换综合评价指标体系。刘岐涛和王磊（2018）采用指数的定量测度方法，在知识能力、经济活力、创新驱动等六个不同层面选取 40 个指标构建新动能指数，以分析新旧动能转换状况。杨景祥和田艳（2018）基于 5 个层面 15 项评价指标来构建动能转换评价指标体系，从纵向分析和横向对比两个方面，从速度和程度两个维度出发，利用综合指数分析的方法对动能转换情况进行综合研判。

2.2.3 新旧动能转换的制约因素

现阶段，我国新旧动能转换正在以良好的态势发展，但也存在一些制约因素阻碍着新旧动能转换。关于新旧动能转换的制约因素，部分学者基于区域性的角度进行了研究。如罗婧（2017）以福建省为例，认为新旧动能转换在就业冲击、创新能力、企业资金方面存在问题。林芹（2018）以青岛市为例，认为新旧动能转换过程受到错综复杂的外部环境、制度难以创新、区域发展不平衡、人口老龄化等因素的制约。郭玮和袁丽蓉（2018）对河北省经济发展中的新旧动能转换进行了研究，指出新动能尚未形成强大的支撑力量、企业自主创新能力有待加强、供需结构错配突出以及高端人才严重匮乏是河北省新旧动能转换正面临的问题。宋帅官（2018）基于对辽宁省经济发展新旧动能转换问题的研究，认为辽宁省新旧动能转换目前面临的问题包括：旧动能与新动能尚未实现共存、国有企业引领作用不够、民营企业活力不足、与新旧动能转换相匹配的金融体系还未建立等。胡晓（2018）以山东省为例，基于 SWOT 分析法研究了山东省新旧动能转换过程中的劣势，指出产业结构设置不科学、过度依靠能源消耗等为山东省加快新旧动能转换增加了难度。丁文珺和伍玥（2018）以湖北省为例，通过对比分析湖北省与全国的 GDP 增长率、产业结构升级率、工业增加值增速等数据，发现湖北省基于供给侧的发展动能受到人才资源、资本供给以及土地供给方面的制约。

此外，盛朝迅（2020）认为目前存在对新旧动能内涵认识有偏差、新旧动能连续转换有缺口、体制机制障碍突出、创新要素对新旧动能转换支撑不足等问题，对推动新旧动能转换急于求成、高端要素支撑不足等严重制约新旧动能的转换。傅春和赵晓霞（2021）认为进口替代战略进展迟缓导致新动能供给滞后，内需难以有效启动导致新动能需求不足，内外循环难以畅通导致新动能成长缓慢。徐建伟（2018）关于新旧动能转换的研究主要集中在中部地区的产业转型升级、新动能替代旧动能的衔接转换上，认为新动能难以支撑新经济的增长、新旧动能转换需要时间、技术创新周期长、有关部门相关的政策规划频繁调整等主要问题依然存在。王小洁等（2019）提出创新资源错配制约动能转换进程，生产要素供给变动约束了发展动能，体制机制滞后引起旧产能过剩，进而导致发展新动能受阻，创新环境不利使得动能发展的后劲不足。

2.2.4 新旧动能转换的驱动因素与路径选择

从目前已有的研究来看，新旧动能转换的驱动因素主要集中在技术创新和制度创新方面。如余东华（2018）、庞占宇（2018）、卢琳（2021）认为“创”是驱动新旧动能转换的关键，新旧动能转换的重点在于“以创促转”，即创见引领、创新推动、创业带动，以及通过创造支撑新旧动能转换。侯晓东（2018）认为新旧动能转换的主要动力是突破性的技术创新和增加要素的有效供给。王小洁等（2019）基于创新生态系统的角度，提出推进新旧动能转换的高阶内在驱动力是构建创新生态系统，认为应围绕创新精神、人才集聚、开放共享、科技资源以及金融资源等为创新生态系统助力。盛朝迅（2020）基于供需结构的角度，指出要素提升、深化改革、扩大开放、科技创新、需求拉动五个方面是新旧动能转换的动力源泉。林攀等（2021）尝试从八个方面构建新旧动能转换影响因素探测指标体系，发现新旧动能转换的主要影响因素是人力资本水平、对外开放水平和消费需求水平，且存在地域差异性。

结合新旧动能转换的制约因素和驱动因素，学者从不同的角度提出新旧动能转换的路径选择。张文和张念明（2017）认为创新驱动应作为实现新旧动能转换的主要路径，此外，完善新旧动能转换的现代产业支撑体系应从优化内外拉力方面着手，即从“降成本”与“促质效”两端发力。刘冰（2017）提出新旧动能转换需要构建强大的动力机制，通过“四新”促进“四化”是基本路径，强化产业抓手是着力点，加强制度建设是实现新旧动能转换的保障。隆国强（2017）结合中国的经济现状，从供需两个方面进行分析，提出培育新动能要处理好技术创新与商业模式、前沿技术与传统产业，以及市场与政府之间的关系。来佳飞等（2018）认为加快实现新旧动能转换的最佳路径是重构要素动力、需求动力、结构动力以及制度动力。荣刚和房林林（2018）通过研究PPP模式在我国的具体实践，提出利用PPP模式在整合社会资源和转变政府职能方面的优势助推新旧动能转换。杨蕙馨等（2019）从创新的环境、技术以及人才等方面出发，提出动能转换要考虑各个地区之间的资源禀赋差异以及不同产业间的技术差异。傅春和赵晓霞（2021）从三个阶段来分析新旧动能转换路径，提出短期内促进各行业生产要素从旧动能向新动能转移，中期内从供需侧发力促进新旧动能不断转换，长期内统筹国内国际两种市场和资源。赵炳新等（2018）以山东省为例提出新旧动能转换的启示，认为山东省有效实现新旧动能转换要培育先进产业集群，依托“三核”建设，加强传统产业与人工智能的融合，推动经济一体化发展。赵丽娜（2017）对山东省产业的发展情况进行了分析，针对新旧动能转换过程中存在的问题，提出山东省经济动能转换应以实体经济为支撑，不断优化公共服务，在培育新兴产业形成新动能的同时，注重推动传统产业转型升级，推进传统产业旧动能向新动能转换，促进经济平稳发展。徐鹏杰（2019）基于空间计量模型的测算结果表明，新旧动能转换有利于缩小区域的收入差距，提出政府应该大力扶持新经济和新业态的发展，另外，建议政府采取相应的激励机制、优惠政策以及财力扶持措施，鼓励新经济、新业态的发展，为新动能的发展提供良好的环境。徐建伟（2018）提出需要从互联网平台建设、创新型人才培养、金融短板、政策和绩效考核体系等方面突破发力，保证国家级科技创新可以持续输出，促进经济平稳增长，新旧动能实现有序转换、合理衔接。

此外，还有部分学者利用耦合度对新旧动能转换与其他相关产业进行耦合分析。例如，张志元等（2018）采用耦合协调度来分析新旧动能转换与金融供给侧改革之间的关系，发现二者之间是相互促进、互为因果的关系。陈静等（2018）将科技创新与新旧动能产业进行耦合分析，发现新旧动能转换需要不断进行科技创新，科技创新在持续驱动新旧动能产业发展。胡晓（2018）以山东省为例，利用 SWOT 分析法对经济发展进行有效分析，并结合山东省经济发展状况，从多方面提出促进山东省新旧动能转换的路径。

通过以上研究综述可以发现，随着政府一系列政策的出台，国内学者加快了对新旧动能转换的研究。新旧动能转换是一个长期的循序渐进的过程，其实质是国家经济发展方式的转变，新动能是经济社会良序发展的永续动力，新旧动能转换过程也在不断地受到重视。

2.3 新旧动能转换与就业研究综述

目前，学界正在积极将新旧动能转换与相关领域的研究进行融合。在新旧动能转换的背景下，就业面临着不同于以往的机遇与挑战。关于新旧动能转换与就业的直接研究相对较少，而新旧动能转换的主要内涵是加快培育壮大新动能，改造提升传统动能，因此，众多学者从“三新”经济、创新经济以及产能过剩等角度来研究就业问题。

2.3.1 新旧动能转换下的就业现状

白明（2020）认为在新旧动能转换的背景下，就业劳动力逐渐向新兴产业倾斜，高灵活的就业模式逐渐增加，不同行业间的收入差距增大，在新动能壮大的过程中，高层次人才资源紧张。王同娟（2019）认为在新旧动能转换的背景下，就业市场的劳动力供给和需求产生了一定的差距，大学生面临着严峻的就业形势。陈涌和范彩荣（2019）认为新旧动能转换提供了更多的创新就业模式，缓解了就业压力，另外，在新旧动能转换的过程中，新一代信息技术带来的新产业模式高速发展，推动了就业模式多样化。

从“三新”经济的角度出发，王琦等（2020）基于“三新”经济的特征分析，研究发现“三新”经济对就业规模起到拉动作用。姚明明（2020）认为发展“三新”经济带来隐性就业的增加，许多毕业生更倾向于在线服务或者自我雇佣的就业方式，因此，“三新”经济对隐性就业显现出促进效应。

从创新经济的角度出发，刘萍和刁永祚（2019）提出新经济的发展带来了更多的就业机会，提高了就业群体的就业质量，另外新经济为社会发展创造了更多有价值的新就业形态。赖德胜（2018）提出新经济背景下，就业结构转型升级下的就业岗位逐步倾向于高质量人才，第三产业的发展吸纳了越来越多的知识技能型人才。张车伟等（2017）认为新一轮的创新经济对就业产生了一定的冲击，新经济产生了新的企业以及新的就业岗位，传统的就业岗位随之削减，短期性的结构失业将会出现。Aghion 和 Howitt（1998）认为创新既可以产生毁灭效应，增加失业人群，也能产生新的就业岗位，减少失业人群。Roper（1997）基于不同国家的数据进行了研究，结果表明在不同的国家，创新对就业存在不同的影响。赵文和向晶（2018）通过对创新经济的就业创造和就业消失进行测算，发现在创新经济下，新的产业融合会带来新的就业形态，从而大幅度提高了就业的灵活性。

从产能过剩的角度出发，秦婷（2018）认为化解产能过剩的过程中，大量职工面临着转岗和再就业的问题，因此导致产能过剩行业的就业稳定性低。曲玥（2014）通过测算产能利用率，发现中国的工业存在产能过剩情况，与此相对应，存在大量的冗余就业情况。宋帅官和姜瑞春（2016）对辽宁省工业领域进行了实地调研，发现就业人数较多的劳动密集型产业多为产能过剩行业，新一轮的产能过剩对就业影响较大，就业人数出现周期性的波动。王艳霞和邢明强（2015）认为化解产能过剩的过程中，行业性失业风险持续增加，社会保险基金总量减少，因缺乏基金支持，就业推进工作难以开展。

此外，刘萍和刁永祚（2019）认为新经济下，就业呈现出就业领域宽、就业方式活、就业技能精、就业观念新的特征，新经济的发展为社会提供了更多的就业岗位，就业群体的就业质量不断上升。苏策

（2017）认为我国经济呈现出相对复杂的态势，经济发展放缓，就业人员的总体需求规模下降，就业岗位总量降低，传统支柱产业的加快改革导致劳动者就业难度加大。宋玉军（2017）对合肥市的就业现状进行了调研分析，认为新经济下，创新创业成为扩大就业的新引擎，创新创业推动产业发展，增加了企业的就业容量，为更多劳动者提供了就业机会。熊鹏洋（2022）认为在新经济形势下，经济结构发生了适当的调整，加之新冠疫情对我国经济造成了冲击，大学生就业形势严峻。蔺思涛（2015）认为新经济形势下，就业形态发生了新的变化，新增的就业岗位在逐渐减少，结构性失业人员增加，劳动力市场竞争不断加剧，劳动者的就业压力逐渐增加。

2.3.2 新旧动能转换下存在的就业问题

新旧动能转换下，就业主要面临着两大问题：其一，传统产业的改革使部分劳动者面临失业问题；其二，新动能不断发展，劳动技术型人才紧缺。

在产业结构不断转型升级的背景下，白明（2020）认为就业的结构性矛盾将不断显现，用工荒和就业难现象并存；产能过剩导致部分职工下岗，职工再就业困难；另外，相关劳动法并未随新型用工模式的出现而完善，部分企业存在规避法律行为。

在产能过剩的背景下，秦婷（2018）提出产能过剩必然导致大量职工失业，现实劳动力需求结构与再就业人员数量仍有偏差，失业职工安置工作仍然不到位。钱琛（2017）提出在产能过剩的情况下，职工安置问题、产能过剩行业失业职工的二次就业问题都亟待解决。蔺思涛（2015）认为产能过剩问题导致大量员工失业，政府对失业者的补贴额度小，导致企业安置员工的负担较大，此外失业人员年龄较大，个人素质偏低，抗风险能力差，依靠个人能力很难再就业。宋帅官和姜瑞春（2016）认为产能过剩会增加潜在的失业风险，若企业营业亏损，企业会大面积裁员，此外，产能过剩会间接导致企业生产效率下降，此时新增就业岗位饱和，下岗转岗职工增加。

在新经济背景下，刘萍和刁永祚（2019）认为显性失业与隐性失业并存，低端服务业聚集了大量的人力资源，劳动者权益在新的雇佣关系下难以得到保障，存在许多潜在的劳动关系纠纷。孙凡（2017）指出经济新常态下大学生就业也发生了新的变化，认为高校培养课程盲目跟风、培养的毕业生与市场需求不匹配，导致出现了大学生就业难的问题。蔺思涛（2015）提出经济新常态下我国就业形势发生了新的变化，出现了劳动力供求矛盾突出、劳动力供给质量低、失业救助难度增大等问题，使得就业政策调整的难度增加。

此外，张车伟等（2017）认为在新技术革命下，劳动市场加速分化，部分工作岗位被机器替代，就业两极化现象严重。梁若男和王博（2020）研究发现，毕业生的就业观念与新旧动能转换的客观实际情况存在偏差，就业价值取向落后，社会就业压力逐渐增加。芮晓雯（2018）从大学生的角度分析我国就业现状，认为经济新常态下大学生就业难和企业用工荒的就业结构性矛盾不断加剧，另外大学生的就业指导课程针对性不强，就业与社会保障体系不完善。

2.3.3 新旧动能转换下推动就业的有效途径

曲玥（2014）提出在化解产能过剩的过程中，企业要缓慢渐进地调整就业，同时政府应提供培训和公共服务，从而维持劳动市场和就业市场的平衡。白明（2020）从政府、工会以及职工三个层面提出推进职工就业的对策：在政府层面，健全劳动关系法律法规，做好人才管理和储备工作；在工会层面，做好职工思想引导工作，增加职工技能培训，鼓励职工积极创新；在职工层面，加强自主学习，不断提高业务能力。王琦等（2020）认为新产业的布局要因地制宜，做好技术性人才引流工作，协调长短期计划。张车伟等（2017）提出培育更多的新动能，发展创新经济，通过创造新的岗位来拉动就业，此外，在创新经济背景下，应不断适应就业结构升级，完善相关劳动关系规章制度。赵文和向晶（2018）从宏观和微观两个方面提出适应创新经济的就业对策：在微观层面，政府应帮助劳动者学习新的知识和技能；在宏观层面，社会政策要有效托底就业弱势群体。秦婷（2018）提出工会在促进职工再就业时，要始终发挥维权职责，从根源上维护职工就业权利，通过扶持创业来带动失业职工再就业。钱琛（2017）提出做好内部分流工作，政府提供充分的就业信息，加强社会保障机制方面的立法工作。从毕业生角度，张承业（2022）提出增强学生在就业中的主体地位，做好毕业生的职业规划，对毕业生提供精准化的就业服务，分批次开展就业指导。田溪江（2018）从职前教育与就业的角度出发，提出新旧动能转换背景下，要立足现实，加大职前教育改革力度，培育学生正确的就业取向，重点培养契合社会发展的技术型人才。刘萍和刁永祚（2019）提出要高度重视弱势群体的就业问题，要以数字技术为着力点来应对隐形就业危机，实现各行业领域的融合。对于弱势就业群体，采取积极的扶持政策，优化社会福利保障政策；对于大学生群体，即时调整部分授课课程，优化职业分类结构。芮晓雯（2018）认为经济新常态下可以从经济结构、教育体系、就业机制三方面来创新大学生就业路径：首先，科学合理地调整经济结构，扶持低端制造业向高端制造业发展；其次，不断完善教育体系，重视开拓教育市场，将就业指导作为一种常态化教育；最后，政府应该重视就业保障机制，学校方面建立就业服务机制，市场方面努力营造积极向上的就业环境。熊鹏洋（2022）提出新经济背景下推动大学生高效就业需要学校和学生双方共同努力，学校需要做好学生的就业指导工作，降低择业成本，学生个人要做好就业准备，对自己有清楚的认知和评价。蔺思涛（2015）提出从市场和政府两个方面来推动劳动者就业：在市场方面，要合理配置劳动力资源，通过培育新的经济增长点来增加就业机会，激发企业活力；在政府方面，强化相关部门的就业责任，加大失业救助力度，完善失业救助政策。

2.4 简要评述

综合国内外文献来看，国内外学者对就业风险的内涵、测度、影响因素及防范对策等方面进行了一定的研究，为本研究提供了坚实的基础。然而，学界并没有关于就业风险的统一分析框架。学者们在对就业风险进行研究时并无成熟模式，大多根据研究需要进行分类和相关研究。本研究将在新旧动能转换的统一框架下研究就业风险，建立一个相对完整的分析框架。

近年来，我国经济正处于新旧动能转换过程中，吸引了众多学者对新旧动能转换展开研究。关于新旧动能转换的研究主要集中在新旧动能转换的内涵与特征、测度、制约因素以及驱动因素与路径选择等方面，已有的大量理论和实证研究为本研究提供了丰富的文献资料和研究基础。

在新旧动能转换的背景下，就业面临着不同于以往的机遇与挑战。学者们主要从“三新”经济、创新经济以及产能过剩等角度来研究新旧动能转换背景下的就业现状、存在问题及对策建议，关于新旧动能转换与就业的直接研究尚显不足。因此，本研究将在新旧动能转换的框架下，构建就业风险评价指标体系，测度我国的就业风险，并实证分析新旧动能转换对就业风险的影响，提出更有针对性的就业风险防范化解对策。

3 新旧动能转换背景下我国就业风险的基本状况

广义的就业风险不仅包括失业风险，还包括就业增长动能不足、就业结构不合理、收入下降及差距扩大、健康冲击、社会保障不力等方面的风险。因此，本研究主要从失业风险、动能风险、结构风险、收入风险、健康风险和保障风险六个方面具体分析新旧动能转换背景下我国就业风险的演变特征。

3.1　失业风险

失业风险是就业风险最直接的体现，也是最大的就业风险。本研究首先通过失业人数、失业率、失业时间等描述我国失业风险的变化情况，然后重点分析失业群体的人口学特征，包括学历、年龄、职业情况等。

3.1.1　失业数量特征

1. 城镇登记失业人数

由表 3-1 可知，1978—2021 年我国城镇登记失业人数总体呈现先减后增的变化趋势。1978 年改革开放以来，中国开始发展私营企业并且吸引了大量的外资，这为中国提供了大量的就业机会，我国城镇登记失业人数由 1978 年的 530 万人下降至 1984 年的 236 万人。进入 20 世纪 90 年代后，随着中国市场经济体制改革的加速，尤其是 2001 年加入世界贸易组织，全面参与全球竞争以来，我国下岗失业问题日益凸显（张汝立和刘伟明，2013），城镇登记失业人数持续增长。受新冠疫情影响，2020 年我国城镇登记失业人数首次突破 1000 万人，达到 1160 万人。

表 3-1　1978—2021 年我国城镇登记失业人数

单位：万人

年份	城镇登记失业人数	年份	城镇登记失业人数
1978	530	2000	595
1979	568	2001	681
1980	542	2002	770
1981	440	2003	800
1982	379	2004	827
1983	271	2005	839
1984	236	2006	847
1985	239	2007	830
1986	264	2008	886
1987	277	2009	921
1988	296	2010	908
1989	378	2011	922
1990	383	2012	917
1991	352	2013	926
1992	364	2014	952
1993	420	2015	966
1994	476	2016	982
1995	520	2017	972
1996	553	2018	974
1997	577	2019	945
1998	571	2020	1160
1999	575	2021	1040

数据来源：国家统计局。

2. 城镇登记失业率

由表 3–2 可知，改革开放以来，我国 1978—1985 年城镇登记失业率不断走低，从 5.3% 下降到历史最低点 1.8%。1985 年以后城镇登记失业率不断上升，20 世纪 90 年代，国家出台抑制经济过热政策，城镇登记失业率继续上升，到 2003 年城镇登记失业率上升到 4.3%。此后随着经济的发展，城镇登记失业率缓慢下降，到 2007 年下降到 4.0%。受国际金融危机影响，2008 年和 2009 年城镇登记失业率上升，分别达到 4.2% 和 4.3%。此后，随着国家经济刺激计划的推行，城镇登记失业率有所下降。2010—2015 年城镇登记失业率保持在 4.1%，2016—2019 年城镇登记失业率从 4.0% 逐步下降到 3.6%。受新冠疫情的影响，2020 年城镇登记失业率上升到 4.2%，随着国家一系列就业扶持政策的出台，2021 年城镇登记失业率下降到 4.0%。

表 3–2　1978—2021 年我国城镇登记失业率

单位：%

年份	城镇登记失业率	年份	城镇登记失业率
1978	5.3	1988	2.0
1979	5.4	1989	2.6
1980	4.9	1990	2.5
1981	3.8	1991	2.3
1982	3.2	1992	2.3
1983	2.3	1993	2.6
1984	1.9	1994	2.8
1985	1.8	1995	2.9
1986	2.0	1996	3.0
1987	2.0	1997	3.1

续表

年份	城镇登记失业率	年份	城镇登记失业率
1998	3.1	2010	4.1
1999	3.1	2011	4.1
2000	3.1	2012	4.1
2001	3.6	2013	4.1
2002	4.0	2014	4.1
2003	4.3	2015	4.1
2004	4.2	2016	4.0
2005	4.2	2017	3.9
2006	4.1	2018	3.8
2007	4.0	2019	3.6
2008	4.2	2020	4.2
2009	4.3	2021	4.0

数据来源：国家统计局。

3. 城镇调查失业率

由表 3–3 可知，我国城镇调查失业率在 2018—2019 年一直较为平稳，均在 5% 左右波动。2020 年初新冠疫情爆发，受其影响，城镇调查失业率突增，2020 年 2 月达到了 6.2%。随后国家全力以赴做好应对疫情稳就业工作，在一定程度上缓解了疫情对就业的冲击。2020 年 4 月后，城镇调查失业率呈现出缓慢下降的趋势，2021 年 9 月和 10 月，城镇调查失业率降到了 4.9%。但由于疫情的持续性，针对疫情的许多临时性政策并未从根本上消除疫情对经济和就业的影响，2022 年上半年城镇调查失业率又有所上升。

表 3-3 2018—2022 年我国城镇调查失业率

单位：%

时间	全国城镇调查失业率	时间	全国城镇调查失业率
2018 年 1 月	5.0	2020 年 4 月	6.0
2018 年 2 月	5.0	2020 年 5 月	5.9
2018 年 3 月	5.1	2020 年 6 月	5.7
2018 年 4 月	4.9	2020 年 7 月	5.7
2018 年 5 月	4.8	2020 年 8 月	5.6
2018 年 6 月	4.8	2020 年 9 月	5.4
2018 年 7 月	5.1	2020 年 10 月	5.3
2018 年 8 月	5.0	2020 年 11 月	5.2
2018 年 9 月	4.9	2020 年 12 月	5.2
2018 年 10 月	4.9	2021 年 1 月	5.4
2018 年 11 月	4.8	2021 年 2 月	5.5
2018 年 12 月	4.9	2021 年 3 月	5.3
2019 年 1 月	5.1	2021 年 4 月	5.1
2019 年 2 月	5.3	2021 年 5 月	5.0
2019 年 3 月	5.2	2021 年 6 月	5.0
2019 年 4 月	5.0	2021 年 7 月	5.1
2019 年 5 月	5.0	2021 年 8 月	5.1
2019 年 6 月	5.1	2021 年 9 月	4.9
2019 年 7 月	5.3	2021 年 10 月	4.9
2019 年 8 月	5.2	2021 年 11 月	5.0
2019 年 9 月	5.2	2021 年 12 月	5.1
2019 年 10 月	5.1	2022 年 1 月	5.3
2019 年 11 月	5.1	2022 年 2 月	5.5
2019 年 12 月	5.2	2022 年 3 月	5.8
2020 年 1 月	5.3	2022 年 4 月	6.1
2020 年 2 月	6.2	2022 年 5 月	5.9
2020 年 3 月	5.9	2022 年 6 月	5.5

数据来源：国家统计局。

4. 失业时长

表 3–4 所示为 2009—2020 年我国城镇失业人员失业时间构成。可以看出，2009—2017 年城镇失业人员中超过半数的失业人员的失业时间在 6 个月以上，失业时间较长。2018 年失业时间在 6 个月以上的城镇失业人员占比为 45.4%，首次低于 50.0%。2019 年和 2020 年失业时间超过 6 个月的城镇失业人员占比大幅下降，分别为 19.3% 和 17.1%。这在一定程度上反映出失业人员再就业情况持续向好，越来越多的失业人员可以在较短的时间内实现再就业。

表 3–4　2009—2020 年我国城镇失业人员失业时间构成

单位：%

年份	1 个月	2~3 个月	4~6 个月	7~12 个月	13~24 个月	25 个月以上	城镇失业人员
2009	4.3	13.1	16.2	28.8	21.7	15.8	100.0
2010	6.0	18.7	22.0	29.9	11.8	11.5	100.0
2011	5.5	13.0	15.8	28.6	16.4	20.7	100.0
2012	4.6	11.3	16.2	26.4	19.4	22.2	100.0
2013	6.0	13.8	13.5	27.3	17.4	21.9	100.0
2014	6.1	14.4	14.8	28.5	16.9	19.3	100.0
2015	9.9	19.8	17.2	26.8	11.9	14.4	100.0
2016	9.5	18.7	15.5	24.6	14.9	16.8	100.0
2017	9.8	18.4	14.6	23.7	15.0	18.6	100.0
2018	12.7	23.4	18.5	27.4	15.5	2.5	100.0
2019	25.6	37.0	18.1	12.5	4.3	2.5	100.0
2020	25.3	38.0	19.6	11.5	3.8	1.8	100.0

数据来源：《中国劳动统计年鉴》。

3.1.2 我国失业人员的基本情况

1. 失业人员的受教育情况

表 3–5 所示为 2003—2020 年我国城镇失业人员受教育情况。可以看出，2003—2020 年我国城镇失业人员中初中学历占比最高，其次为高中学历。一般来说，较高的受教育程度意味着劳动者的素质较高，他们能适应更多的职位，可以应对不同的市场调节，从而会有较低的失业率。但值得注意的是，2003—2020 年我国城镇失业人员中大学专科和大学本科学历占比逐渐增加，这可能是由于高学历者对工作期望过高，不愿迁就就业，社会逐步出现了慢就业、缓就业的现象（侯立文，2020）。

表 3–5 2003—2020 年我国城镇失业人员受教育情况

单位：%

年份	未上过学	小学	初中	高中	中等职业教育	高等职业教育	大学专科	大学本科	研究生	城镇失业人员
2003	0.5	7.4	49.4	36.1	—	—	5.6	1.0	—	100.0
2004	0.4	7.0	49.3	34.8	—	—	6.8	1.6	0.1	100.0
2005	0.9	8.4	48.4	32.2	—	—	7.6	2.3	0.1	100.0
2006	0.8	7.7	45.3	33.7	—	—	9.5	3.0	0.1	100.0
2007	0.4	5.9	44.2	34.4	—	—	10.9	3.9	0.2	100.0
2008	0.4	6.3	43.1	33.3	—	—	12.2	4.4	0.2	100.0
2009	0.7	6.8	41.4	32.3	—	—	12.8	5.7	0.3	100.0
2010	0.6	7.2	40.6	31.3	—	—	13.7	6.2	0.4	100.0
2011	0.4	6.3	39.7	32.5	—	—	14.9	5.9	0.2	100.0
2012	0.6	6.8	41.3	30.6	—	—	13.7	6.7	0.4	100.0
2013	0.5	6.3	38.0	31.1	—	—	15.6	8.2	0.4	100.0

续表

年份	未上过学	小学	初中	高中	中等职业教育	高等职业教育	大学专科	大学本科	研究生	城镇失业人员
2014	0.4	7.2	38.9	30.1	—	—	15.2	7.8	0.4	100.0
2015	0.7	7.2	35.9	18.7	9.4	2.5	15.2	9.9	0.5	100.0
2016	0.7	6.4	37.2	18.7	9.2	2.0	15.5	9.8	0.6	100.0
2017	0.7	6.4	35.0	19.7	9.1	2.1	15.3	11.0	0.8	100.0
2018	0.6	6.9	34.8	18.9	9.4	1.9	15.1	11.3	1.0	100.0
2019	1.1	9.4	36.7	25.0	—	—	16.5	10.5	0.8	100.0
2020	0.9	8.6	35.4	24.4	—	—	17.1	12.5	1.2	100.0

数据来源：《中国劳动统计年鉴》。

2. 失业人员的年龄情况

表 3–6 所示为 2003—2020 年我国城镇失业人员年龄占比情况。在城镇失业人员中，50 岁以上失业人员占比逐渐增加，2003 年 50 岁以上失业人员占全部失业人员的比重为 7.6%，而 2020 年 50 岁以上失业人员的占比增加到 20.9%，增长幅度较大，这意味着，随着数字经济的发展，大龄劳动者面临的就业形势越来越严峻。30~49 岁失业人员占比总体上呈下降趋势，可以看出青壮年人员面临的失业风险降低。20~29 岁失业人员占比处于一个不断波动的状态，其中，20~24 岁失业人员占比在 2005—2020 年最高，就业状态最不稳定。

表 3–6　2003—2020 年我国城镇失业人员年龄占比情况

单位：%

年份	16~19 岁	20~24 岁	25~29 岁	30~34 岁	35~39 岁	40~44 岁	45~49 岁	50~54 岁	55~59 岁	60~64 岁	65 岁及以上
2003	6.2	12.6	12.4	17.1	16.2	15.4	12.6	5.7	1.7	0.1	0.1
2004	6.4	14.3	13.7	16.5	15.4	14.5	11.5	5.5	2.0	0.1	—

续表

年份	16~19岁	20~24岁	25~29岁	30~34岁	35~39岁	40~44岁	45~49岁	50~54岁	55~59岁	60~64岁	65岁及以上
2005	8.9	17.4	13.5	15.0	14.9	13.5	9.0	5.0	2.0	0.5	0.3
2006	8.3	18.3	12.6	12.5	13.8	13.8	9.5	6.8	3.2	0.7	0.3
2007	7.5	18.9	16.2	11.7	14.2	13.4	8.9	5.9	2.7	0.4	0.3
2008	6.1	19.2	15.8	12.9	14.0	12.3	8.7	6.8	3.3	0.5	0.4
2009	6.2	21.9	14.8	11.1	13.1	11.6	10.6	5.7	3.6	0.8	0.6
2010	6.0	22.1	14.2	10.6	12.6	12.5	10.9	5.9	3.7	0.8	0.6
2011	4.3	22.8	13.3	11.6	12.2	12.1	11.2	6.0	4.4	1.6	0.6
2012	3.9	19.4	13.8	12.1	10.8	12.4	12.1	6.9	5.4	1.9	1.2
2013	3.6	19.9	14.5	12.0	11.1	12.2	10.4	7.4	5.3	2.3	1.3
2014	3.3	17.1	15.8	12.8	10.2	13.7	10.9	8.1	4.5	2.6	0.9
2015	4.0	21.5	16.5	11.9	10.1	11.5	10.2	8.1	3.6	1.7	0.7
2016	4.0	18.9	15.8	12.5	10.4	12.8	11.1	8.4	3.5	1.9	0.7
2017	3.2	18.8	14.8	13.2	10.4	12.4	11.4	8.9	4.0	2.2	0.7
2018	2.7	17.0	14.8	14.4	10.3	12.0	11.4	9.5	4.7	2.2	0.9
2019	2.7	16.2	14.1	13.1	11.0	10.2	12.3	10.2	6.3	2.4	1.5
2020	2.5	16.5	13.4	14.5	10.6	9.7	11.9	11.0	6.7	2.1	1.1

数据来源：《中国劳动统计年鉴》。

3. 失业人员的职业情况

由表 3–7 可知，在城镇失业人员中，商业、服务业的失业人员占比最大，2018 年达到最高，占城镇失业人员的 50.4%。单位负责人员所占比重最小，均低于 1.8%。商业、服务业人员大多没有核心技术，就业门槛低，更新换代快，因而失业人员较多；单位负责人员和专业技术人员往往学历高，能力强，经验丰富，就业门槛高，具有一定的不可替代性，因而失业人员所占比重较少。农林牧渔水利业工作稳定性高，竞争性不强，失业风险相对较低。由此可见，失业风险高的职业往往对职工要求低，专业技术能力要求不高，而失业风险低的职业往往对职工要求高，就业门槛高。

表 3-7　2003—2020 年我国城镇失业人员职业占比情况

单位：%

年份	单位负责人员	专业技术人员	办事人员和有关人员	商业、服务业人员	农林牧渔水利业生产人员	生产运输设备操作人员及有关人员	其他	城镇失业人员
2003	1.6	9.0	14.3	22.8	4.8	36.4	11.2	100.0
2004	1.2	8.9	15.5	25.1	5.5	32.1	11.8	100.0
2005	—	—	—	—	—	—	—	—
2006	1.4	9.7	6.2	34.2	6.4	32.4	9.8	100.0
2007	1.2	8.7	6.9	37.7	4.9	31.5	9.2	100.0
2008	0.8	8.0	6.2	39.9	6.2	30.9	8.0	100.0
2009	0.8	8.1	6.1	39.4	9.2	28.9	7.5	100.0
2010	—	—	—	—	—	—	—	—
2011	1.4	11.3	7.0	38.6	7.7	33.2	0.7	100.0
2012	1.6	11.2	7.0	39.6	9.8	30.5	0.4	100.0
2013	1.8	12.9	8.8	41.7	7.4	26.8	0.6	100.0
2014	1.3	11.4	7.9	44.3	7.0	27.5	0.6	100.0
2015	1.1	12.7	10.6	40.3	4.8	29.9	0.5	100.0
2016	1.6	11.2	11.3	42.9	4.1	28.2	0.6	100.0
2017	1.2	8.5	11.7	48.3	4.3	24.5	1.5	100.0
2018	1.2	8.2	11.3	50.4	4.2	23.7	1.1	100.0
2019	1.0	7.7	12.1	49.5	4.1	25.1	0.4	100.0
2020	1.3	7.9	12.5	50.2	3.7	24.0	0.3	100.0

数据来源：《中国劳动统计年鉴》。

3.2 动能风险

就业是民生之本，经济发展是促进就业的重要前提。本研究中的动能风险指的是由于经济增速放缓引发的就业动能风险，主要通过GDP增长率、就业弹性系数、城镇新增就业等指标来体现。

1. GDP增长率

1978—1981年，由于“调整、改革、整顿、提高”等措施的实施，GDP增长率由11.7%下降到5.1%。1982—1986年，GDP增长率由1982年的9.0%上升到1984年的15.2%，但由于1985年“双紧”宏观调控政策的实施，GDP增长率有所回落，由1985年的13.4%回落到1986年的8.9%。1987—1990年，GDP增长率由11.7%下降至3.9%，这一时期我国存在经济过热问题，1988年的再一次“双紧”政策使GDP增长率降低到1990年的3.9%（李萌，2022）。1991—2001年，我国经济增速缓慢下降，从1992年的14.2%逐步降低到2001年的8.3%。2002—2009年，GDP增长率由9.1%上升到2007年的14.2%，但2008年受国际金融危机影响，GDP增长率又下滑至9.7%。2010—2019年，我国由经济高速增长阶段向高质量发展阶段转变，2012年以后GDP增长率稳定在6%~8%。2020年初，新冠疫情爆发，受其影响，GDP增长率猛跌，2020年下滑至2.3%（见表3-8）。

表 3-8　1978—2020 年我国 GDP 增长率

单位：%

年份	GDP 增长率	年份	GDP 增长率
1978	11.7	2000	8.5
1979	7.6	2001	8.3
1980	7.8	2002	9.1
1981	5.1	2003	10.0
1982	9.0	2004	10.1
1983	10.8	2005	11.4
1984	15.2	2006	12.7
1985	13.4	2007	14.2
1986	8.9	2008	9.7
1987	11.7	2009	9.4
1988	11.2	2010	10.6
1989	4.2	2011	9.6
1990	3.9	2012	7.9
1991	9.3	2013	7.8
1992	14.2	2014	7.4
1993	13.9	2015	7.0
1994	13.0	2016	6.8
1995	11.0	2017	6.9
1996	9.9	2018	6.7
1997	9.2	2019	6.0
1998	7.8	2020	2.3
1999	7.7		

数据来源：2021 年《中国统计年鉴》。

2. 就业弹性系数

就业弹性系数作为研究经济增长与就业增长关系的基本指标，指的是就业人数增长率与 GDP 增长率的比值。就业弹性系数越大，表明吸收劳动力的能力越强。由表 3-9 可知，1978—1990 年我国的平均就业弹性系数明显高于 1991—2020 年，其中 2015—2020 年就业弹性系数开始出现负值。1978—1990 年，国内经济巨变，多产业高速发展，在经济高速增长的同时伴随着就业岗位的大量增加，因而我国的就业弹性系数偏高。1990 年后，我国经济增长方式发生了根本性改变，劳动投入在经济增长中的贡献率降低，资本、技术等要素的贡献率升高，因而就业弹性系数开始降低。

表 3-9　1978—2020 年我国就业弹性系数

年份	就业弹性系数	年份	就业弹性系数
1978	0.1682	1990	4.3655
1979	0.2858	1991	0.1232
1980	0.4178	1992	0.0711
1981	0.6314	1993	0.0713
1982	0.3990	1994	0.0745
1983	0.2332	1995	0.0822
1984	0.2495	1996	0.1313
1985	0.2595	1997	0.1372
1986	0.3174	1998	0.1500
1987	0.2502	1999	0.1392
1988	0.2624	2000	0.1139
1989	0.4360	2001	0.1190

续表

年份	就业弹性系数	年份	就业弹性系数
2002	0.0729	2012	0.0096
2003	0.0622	2013	0.0079
2004	0.0709	2014	0.0085
2005	0.0452	2015	–0.0054
2006	0.0349	2016	–0.0145
2007	0.0322	2017	–0.0355
2008	0.0333	2018	–0.0542
2009	0.0372	2019	–0.0737
2010	0.0345	2020	–0.2207
2011	0.0125		

数据来源：根据国家统计局和《中国统计年鉴》数据计算得到。

3. 城镇新增就业

由表 3–10 可知，2004—2020 年，我国城镇新增就业人数总体不断增加，但增速却呈现不断下降的趋势。2000—2007 年，我国就业制度进入城乡统筹建设阶段，国家逐步建立城乡一体化的劳动市场，逐步消除就业转移的体制障碍（李萌，2022），2006 年我国城镇新增就业增速高达 22.0619%。2008 年爆发国际金融危机，失业率不断上升，此后城镇新增就业人数有所下降，2008 年增速出现负值 –7.5581%。随着我国提出走新型城镇化道路，并开展农民工职业技能提升计划，2013—2019 年城镇新增就业人数稳定在 1300 万人左右。2020 年初，新冠疫情爆发，受其影响，经济发展受阻，大量工厂倒闭，就业岗位不断减少，2020 年城镇新增就业人数下降了 166 万人，增速达到最低点 –12.2781%。

表 3-10 2004—2020 年我国城镇新增就业情况

年份	城镇新增就业人数 / 万人	城镇新增就业增速 /%
2004	980	—
2005	970	–1.0204
2006	1184	22.0619
2007	1204	1.6892
2008	1113	–7.5581
2009	1102	–0.9883
2010	1168	5.9891
2011	1221	4.5377
2012	1266	3.6855
2013	1310	3.4755
2014	1322	0.9160
2015	1312	–0.7564
2016	1314	0.1524
2017	1351	2.8158
2018	1361	0.7402
2019	1352	–0.6613
2020	1186	–12.2781

数据来源：《人力资源和社会保障事业发展统计公报》。

3.3 结构风险

就业结构是指国民经济各部门所占用的劳动数量、比例及其相互关系，主要包括就业的产业结构、学历结构、区域结构、性别结构、乡村结构等方面。近年来，随着经济全球化的深入发展和技术创新的加速推进，我国产业结构不断调整，市场对高素质人才的需求不断增加。本研究主要通过三大产业就业比重、就业结构和产业结构偏离度、就业结构和产业结构协调系数以及就业人员受教育程度四个指标，来反映产业结构和学历结构变化所带来的就业风险。

3.3.1 就业产业结构

1. 三大产业就业比重

从表 3-11 和图 3-1 可以看出，1978—2020 年我国就业结构逐步优化。第一产业就业比重呈现迅速下降的趋势，由 1978 年的 70.53%下降至 2020 年的 23.60%，这表明越来越多的劳动力从第一产业释放出来。第二产业和第三产业就业比重逐步上升，而且第三产业就业比重逐渐超过第二产业。其中，1978—2012 年第二产业就业比重总体呈稳步上升趋势，2012 年之后略有下滑，但近 10 年来基本维持在29.00% 左右。相比之下，第三产业就业比重增长速度最快，从 1978年的 12.18% 上升到 2020 年的 47.70%，增加了 35.52 个百分点，第三产业成为吸收劳动力的主要行业。

表 3-11　1978—2020 年我国三大产业就业比重

单位：%

年份	第一产业就业比重	第二产业就业比重	第三产业就业比重
1978	70.53	17.30	12.18
1979	69.80	17.58	12.62
1980	68.75	18.19	13.06
1981	68.10	18.30	13.60
1982	68.13	18.43	13.45
1983	67.08	18.69	14.23

续表

年份	第一产业就业比重	第二产业就业比重	第三产业就业比重
1984	64.05	19.90	16.06
1985	62.42	20.82	16.76
1986	60.95	21.87	17.18
1987	59.99	22.22	17.80
1988	59.35	22.37	18.28
1989	60.05	21.65	18.31
1990	60.10	21.40	18.50
1991	59.70	21.40	18.90
1992	58.50	21.70	19.80
1993	56.40	22.40	21.20
1994	54.30	22.70	23.00
1995	52.20	23.00	24.80
1996	50.50	23.50	26.00
1997	49.90	23.70	26.40
1998	49.80	23.50	26.70
1999	50.10	23.00	26.90
2000	50.00	22.50	27.50
2001	50.00	22.30	27.70
2002	50.00	21.40	28.60
2003	49.10	21.60	29.30
2004	46.90	22.50	30.60
2005	44.80	23.80	31.40
2006	42.60	25.20	32.20
2007	40.80	26.80	32.40
2008	39.60	27.20	33.20

续表

年份	第一产业就业比重	第二产业就业比重	第三产业就业比重
2009	38.10	27.80	34.10
2010	36.70	28.70	34.60
2011	34.74	29.58	35.68
2012	33.49	30.46	36.05
2013	31.24	30.33	38.43
2014	29.30	30.20	40.50
2015	28.06	29.67	42.27
2016	27.42	29.24	43.34
2017	26.68	28.61	44.70
2018	25.75	28.18	46.07
2019	24.72	28.14	47.13
2020	23.60	28.70	47.70

数据来源：根据国家统计局数据计算得到。

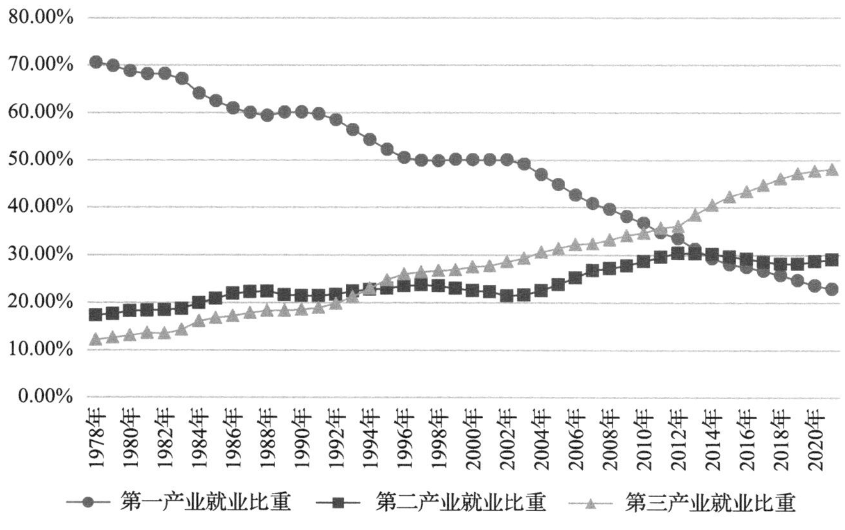

图 3-1 1978—2020 年我国三大产业就业比重

2. 就业结构和产业结构偏离度

就业结构和产业结构偏离度是分析就业结构和产业结构之间关系的重要指标。就业结构和产业结构偏离度的计算公式如下：

$$\alpha = \frac{Y_i}{Y} / \frac{L_i}{L} - 1$$

其中，α 表示就业结构和产业结构偏离度，Y_i 表示第 i 次产业的产值，Y 表示总产值，L_i 表示第 i 次产业的就业人数，L 表示就业总人数。当就业结构和产业结构偏离度等于零时，就业结构和产业结构完全匹配，劳动力达到最佳配置；当就业结构和产业结构偏离度大于零时，相对劳动生产率较高，说明该产业还存在劳动力流入的条件；当就业结构和产业结构偏离度小于零时，说明该产业存在劳动力向外转移的条件。

由表 3–12 可知，1978 年第一产业就业结构和产业结构偏离度为 –0.6074、第二产业就业结构和产业结构偏离度为 1.7583、第三产业就业结构和产业结构偏离度为 1.0202，经过四十多年的产业结构调整以及就业结构的转变，2020 年第一产业就业结构和产业结构偏离度为 –0.6738、第二产业就业结构和产业结构偏离度为 0.3186、第三产业就业结构和产业结构偏离度为 0.1417。通过表 3–12 还可以看出，1978—2020 年第一产业就业结构和产业结构偏离度始终为负值，且偏离度稳定在 –0.8 至 –0.5 之间，其产值占比低于就业占比，具有典型的劳动密集型特征（杨丽华和谭珉威，2022）。相较之下，第二产业和第三产业就业结构和产业结构偏离度均为正，其产值占比都超过就业占比，这表明其对劳动力的吸纳能力在逐渐上升。

表 3-12　1978—2020 年我国就业结构和产业结构偏离度

年份	就业结构和产业结构偏离度		
	第一产业	第二产业	第三产业
1978	−0.6074	1.7583	1.0202
1979	−0.5601	1.6701	0.7704
1980	−0.5689	1.6415	0.7082
1981	−0.5401	1.5116	0.6706
1982	−0.5188	1.4216	0.6804
1983	−0.5145	1.3664	0.6311
1984	−0.5075	1.1576	0.5900
1985	−0.5525	1.0514	0.7513
1986	−0.5629	0.9896	0.7372
1987	−0.5612	0.9499	0.7057
1988	−0.5748	0.9461	0.7087
1989	−0.5901	0.9633	0.7967
1990	−0.5577	0.9175	0.7504
1991	−0.5974	0.9387	0.8242
1992	−0.6354	0.9869	0.7958
1993	−0.6577	1.0615	0.6282
1994	−0.6414	1.0336	0.4940
1995	−0.6246	1.0326	0.3570
1996	−0.6173	1.0045	0.2912
1997	−0.6414	0.9873	0.3260
1998	−0.6554	0.9488	0.3874
1999	−0.6793	0.9721	0.4340
2000	−0.7065	1.0238	0.4469
2001	−0.7203	1.0086	0.4882

续表

年份	就业结构和产业结构偏离度		
	第一产业	第二产业	第三产业
2002	−0.7340	1.0771	0.4772
2003	−0.7485	1.1122	0.4344
2004	−0.7246	1.0401	0.3458
2005	−0.7401	0.9757	0.3164
2006	−0.7506	0.8872	0.2987
2007	−0.7489	0.7494	0.3231
2008	−0.7432	0.7269	0.2910
2009	−0.7471	0.6531	0.3023
2010	−0.7459	0.6201	0.2768
2011	−0.7358	0.5730	0.2415
2012	−0.7278	0.4913	0.2610
2013	−0.7138	0.4565	0.2200
2014	−0.7050	0.4267	0.1919
2015	−0.7011	0.3765	0.2012
2016	−0.7062	0.3536	0.2083
2017	−0.7203	0.3928	0.1785
2018	−0.7265	0.4083	0.1563
2019	−0.7110	0.3711	0.1514
2020	−0.6738	0.3186	0.1417

数据来源：根据国家统计局数据计算得到。

3. 就业结构和产业结构协调系数

就业结构和产业结构协调系数也是用来衡量就业结构和产业结构协调性的指标，就业结构和产业结构协调系数的计算公式如下：

$$C=\sum_{i=1}^{n}(Y_iL_i)\Big/\sqrt{\sum_{i=1}^{n}Y_i^2\sum_{i=1}^{n}L_i^2}$$

其中，C 表示就业结构和产业结构协调系数，取值范围在 0~1 之间，Y_i 表示第 i 次产业产值所占比重，L_i 表示第 i 次产业就业人数所占比重。就业结构和产业结构协调系数越接近 1，表示就业结构和产业结构越协调；就业结构和产业结构协调系数越接近 0，表示就业结构和产业结构越不协调。

由表 3–13 可以看出，1978—2020 年我国就业结构和产业结构协调系数整体处于上升趋势。其中，1996—2003 年短暂出现明显的下滑，由 1996 年的 0.7884 下降至 2003 年的 0.7303。2003 年之后，随着国家一系列优惠政策的出台，如税收减免、工商登记优惠政策等，以及工业部门科技水平的稳步提升，社会就业活力被激发，促使一、二产业的从业人员逐步向服务业部门转移，就业结构和产业结构协调系数呈稳步增长的态势（单良和张涛，2022），2020 年达到了峰值 0.9576。这反映出我国就业结构和产业结构的协调性整体上有了明显提高，进一步表明我国的经济发展状态逐渐趋于健康和协调。

表 3–13　1978—2020 年我国就业结构和产业结构协调系数

年份	协调系数	年份	协调系数
1978	0.6920	1986	0.7798
1979	0.7366	1987	0.7855
1980	0.7297	1988	0.7783
1981	0.7608	1989	0.7643
1982	0.7819	1990	0.7894
1983	0.7885	1991	0.7611
1984	0.8062	1992	0.7374
1985	0.7817	1993	0.7305

续表

年份	协调系数	年份	协调系数
1994	0.7543	2008	0.8252
1995	0.7749	2009	0.8399
1996	0.7884	2010	0.8522
1997	0.7809	2011	0.8714
1998	0.7777	2012	0.8859
1999	0.7628	2013	0.9057
2000	0.7473	2014	0.9205
2001	0.7410	2015	0.9305
2002	0.7325	2016	0.9343
2003	0.7303	2017	0.9355
2004	0.7623	2018	0.9392
2005	0.7735	2019	0.9475
2006	0.7906	2020	0.9576
2007	0.8126		

数据来源：根据国家统计局数据计算得到。

3.3.2 就业学历结构

表 3–14 所示为 2002—2020 年我国就业人员受教育程度构成，可以看出，就业人员中拥有初中学历的人员所占比重最高，在 40.6%~48.8% 之间。与此同时，2002—2020 年大专及以上学历就业人员比重逐年上升，从 2002 年的 6.0% 增加到 2020 年的 22.2%，这表明随着中国经济结构的转型，市场对大专及以上文化程度劳动力的需求在逐渐增加，高等教育人才供给改革是提高未来就业结构和产业结构匹配度的重点（苏丽锋和陈建伟，2016）。

表 3-14　2002—2020 年我国就业人员受教育程度构成

单位：%

年份	未上过学	小学	初中	高中	中等职业教育	高等职业教育	大学专科	大学本科	研究生
2002	7.8	30.0	43.2	13.1	—	—	4.3	1.6	0.1
2003	7.1	28.7	43.7	13.6	—	—	4.8	1.9	0.1
2004	6.2	27.4	45.8	13.4	—	—	5.0	2.1	0.1
2005	7.8	29.2	44.1	12.1	—	—	4.5	2.1	0.2
2006	6.7	29.9	44.9	11.9	—	—	4.3	2.1	0.2
2007	6.0	28.3	46.9	12.2	—	—	4.3	2.1	0.2
2008	5.3	27.4	47.7	12.7	—	—	4.4	2.3	0.2
2009	4.8	26.3	48.7	12.8	—	—	4.7	2.5	0.2
2010	3.4	23.9	48.8	13.9	—	—	6.0	3.7	0.4
2011	2.0	19.6	48.7	16.7	—	—	7.6	4.9	0.4
2012	2.0	19.0	48.3	17.1	—	—	8.0	5.2	0.5
2013	1.9	18.5	47.9	17.1	—	—	8.5	5.5	0.5
2014	1.8	18.2	46.7	17.2	—	—	9.3	6.2	0.6
2015	2.8	17.8	43.3	12.5	4.8	1.4	9.2	7.5	0.7
2016	2.6	17.5	43.3	12.3	4.9	1.3	9.6	7.7	0.8
2017	2.3	16.9	43.4	12.8	5.2	1.2	9.4	8.0	0.8
2018	2.3	16.4	43.1	12.8	5.2	1.1	9.7	8.5	0.9
2019	2.2	15.7	40.6	18.7	—	—	12.0	9.7	1.1
2020	2.4	16.3	41.7	17.5	—	—	11.3	9.8	1.1

数据来源：《中国劳动统计年鉴》。

3.4 收入风险

劳动者的工作收入是影响其就业风险的重要因素。收入风险主要指新旧动能转换过程对劳动者收入水平及不同群体之间收入差距带来的不确定性。本研究主要通过城镇单位就业人员平均工资指数和城乡居民收入差距两个指标来分析就业收入风险。

1. 城镇单位就业人员平均工资指数

表 3-15 所示为 1979—2020 年我国城镇单位就业人员平均工资指数，可以反映城镇单位就业人员平均工资上升或下降的程度。平均工资指数大于 100%，表示平均工资上涨；反之，平均工资指数小于 100%，表示平均工资下降。可以看出，除 1981 年、1988 年和 1989 年外，其余年份的平均工资指数均大于 100%，表明除个别年份外，总体而言，我国城镇单位就业人员平均工资是上涨的。

表 3-15　1979—2020 年我国城镇单位就业人员平均工资指数

单位：%

年份	平均工资指数	年份	平均工资指数
1979	106.7	1986	108.3
1980	106.1	1987	101.0
1981	98.9	1988	99.2
1982	101.5	1989	95.2
1983	101.4	1990	109.2
1984	114.7	1991	104.0
1985	105.3	1992	106.7

续表

年份	平均工资指数	年份	平均工资指数
1993	107.1	2007	113.4
1994	107.7	2008	110.7
1995	101.8	2009	112.6
1996	102.8	2010	109.8
1997	104.5	2011	108.6
1998	116.2	2012	109.0
1999	113.2	2013	107.3
2000	111.3	2014	107.2
2001	115.3	2015	108.5
2002	115.4	2016	106.7
2003	111.9	2017	108.2
2004	109.7	2018	108.6
2005	112.5	2019	106.8
2006	112.9	2020	105.2

数据来源：《中国劳动统计年鉴》。

2. 城乡居民收入差距

本研究用城镇居民人均可支配收入与农村居民人均可支配收入之比来衡量城乡居民收入差距。改革开放以来，特别是由于农村家庭联产承包责任制的实施，农村生产力得到解放与发展，1983 年城乡居民收入差距缩小至 1.8226。1984 年，以城市为重点的经济体制改革全面展开（钞小静，2023），导致农村居民收入增长速度低于城市居民收入增长速度，城乡居民收入差距不断拉大，2007 年我国城乡居民收入差距达到峰值 3.1437。2007 年以后，我国城乡居民收入差距开始逐年缩小，2020 年缩小至 2.5588（见表 3–16）。

表 3-16 1978—2020 年我国城乡居民收入差距

年份	城乡居民收入差距	年份	城乡居民收入差距
1978	2.5597	2000	2.7415
1979	2.5313	2001	2.8351
1980	2.5026	2002	3.0257
1981	2.2422	2003	3.1249
1982	1.9815	2004	3.0839
1983	1.8226	2005	3.0807
1984	1.8366	2006	3.1144
1985	1.8568	2007	3.1437
1986	2.1250	2008	3.1104
1987	2.1641	2009	3.1097
1988	2.1651	2010	2.9941
1989	2.2824	2011	2.8979
1990	2.2012	2012	2.8760
1991	2.3992	2013	2.8067
1992	2.5855	2014	2.7499
1993	2.7950	2015	2.7311
1994	2.8632	2016	2.7191
1995	2.7142	2017	2.7096
1996	2.5125	2018	2.6853
1997	2.4689	2019	2.6440
1998	2.4956	2020	2.5588
1999	2.6196		

数据来源：根据国家统计局数据计算得到。

3.5 健康风险

健康风险是指在工作环境中可能对员工的身体健康和安全造成威胁的各种因素和风险。本研究主要通过工伤事故发生率、职业病发生率、工伤事故死亡率和职业病死亡率四个指标来分析就业过程中可能存在的健康风险。

1. 工伤事故发生率

由表 3–17 可知，2006—2020 年我国工伤事故发生率整体呈先上升后下降的趋势。2006—2011 年，我国注重经济的高速发展，生产设备的不安全状态、生产环境的安全隐患、生产者的不安全行为等原因相互作用（于殿宝等，2012），使得我国工伤事故发生率由 2.1148‰上升至 3.3373‰。2012 年以来，我国经济发展进入新常态，经济增速逐渐趋于合理范围，更加注重质量和效益。相关安全政策的实施，以及“打非治违”专项行动的开展，提高了社会对安全生产领域的关注度，我国工伤事故发生率出现拐点，呈现不断下降的趋势。

表 3–17　2006—2020 年我国工伤事故发生率

年份	全年认定（视同）工伤人数 / 万人	工伤事故发生率 /‰
2006	62.6608	2.1148
2007	75.8598	2.4508
2008	95.1697	2.9645
2009	95.3061	2.8602
2010	114.0601	3.2883
2011	120.1527	3.3373

续表

年份	全年认定（视同）工伤人数 / 万人	工伤事故发生率 /‰
2012	117.3998	3.1485
2013	118.3378	3.0716
2014	114.6592	2.8879
2015	107.5906	2.6295
2016	103.6139	2.4640
2017	104.1214	2.4098
2018	110.0691	2.4851
2019	113.2693	2.5032
2020	111.9673	2.4198

数据来源：根据国家统计局和《中国劳动统计年鉴》数据计算得到。

2. 职业病发生率

由表 3–18 可知，在我国经济社会快速发展的背景下，职业病发生率在 2006—2013 年呈逐年升高的趋势，从 0.0296‰上升至最高点 0.0557‰。近年来，我国社会保障制度日趋健全，修订的《职业病防治法》为职业病防治以及职业病患者保障提供了坚实的法律支持和依据。自 2014 年以来，我国职业病发生率有所下降，2020 年下降至 0.0232‰。这在一定程度上反映出相关法律政策的出台，对于预防、控制职业病危害具有举足轻重的作用，用人单位必须严格遵守相关法律，认真遵守安全卫生标准，预防职业病的发生。

表 3–18　2006—2020 年我国职业病发生率

年份	职业病人数 / 万人	职业病发生率 /‰
2006	0.8771	0.0296
2007	1.0071	0.0325
2008	1.0543	0.0328
2009	1.0480	0.0315

续表

年份	职业病人数 / 万人	职业病发生率 /‰
2010	1.5919	0.0459
2011	1.5195	0.0422
2012	1.5941	0.0428
2013	2.1462	0.0557
2014	2.1751	0.0548
2015	2.0835	0.0509
2016	2.0812	0.0495
2017	1.9167	0.0444
2018	1.6933	0.0382
2019	1.4332	0.0317
2020	1.0736	0.0232

数据来源：根据国家统计局和《中国劳动统计年鉴》数据计算得到。

3. 工伤事故死亡率

由表 3–19 可知，我国工伤事故死亡率在 2006 年至 2013 年整体呈现上升趋势，2013 年达到最大值 0.0600‰，2014 年至 2020 年工伤事故死亡率在 0.0550‰左右波动，与表 3–17 工伤事故发生率的变化趋势相对应。这一变化趋势可能与我国在安全生产管理方面的相关政策举措有关，相关部门应给予高度重视，切实加强安全管理，全面控制工伤事故，防止工伤事故的恶性循环。

表 3–19　2006—2020 年我国工伤事故死亡率

年份	工伤事故死亡人数 / 万人	工伤事故死亡率 /‰
2006	1.1104	0.0375
2007	1.2442	0.0402
2008	1.9123	0.0596
2009	1.6760	0.0503

续表

年份	工伤事故死亡人数 / 万人	工伤事故死亡率 /‰
2010	1.9474	0.0561
2011	2.0721	0.0576
2012	2.2313	0.0598
2013	2.3107	0.0600
2014	2.3508	0.0592
2015	2.2060	0.0539
2016	2.2436	0.0534
2017	2.2842	0.0529
2018	2.5069	0.0566
2019	2.5092	0.0555
2020	2.6250	0.0567

数据来源：根据国家统计局和《中国劳动统计年鉴》数据计算得到。

4. 职业病死亡率

由表 3–20 可知，我国职业病死亡率在 2006—2020 年总体呈下降趋势，2019 年下降至最低点 0.000097‰，职业病死亡人数也有所下降。与突发性生产事故相比，职业病常常具有一定的潜伏期，且多以隐形伤害为主，对就业能力的伤害可能更大（武贵欣，2020）。在当前的医疗环境下，部分职业病难以根治并且会进行性加重，相关部门应让劳动者充分了解自身职业的危害因素，促使用人单位开展预防工作，进一步降低职业病死亡率。

表 3–20 2006—2020 年我国职业病死亡率

年份	职业病死亡人数 / 万人	职业病死亡率 /‰
2006	0.0134	0.000452
2007	0.0094	0.000304
2008	0.0100	0.000311

续表

年份	职业病死亡人数 / 万人	职业病死亡率 /‰
2009	0.0062	0.000186
2010	0.0114	0.000329
2011	0.0060	0.000167
2012	0.0083	0.000223
2013	0.0076	0.000197
2014	0.0091	0.000229
2015	0.0043	0.000105
2016	0.0066	0.000157
2017	0.0069	0.000160
2018	0.0068	0.000154
2019	0.0044	0.000097
2020	0.0053	0.000115

数据来源：根据国家统计局和《中国劳动统计年鉴》数据计算得到。

3.6　保障风险

在新旧动能转换的大背景下，灵活就业和新就业形态正逐渐改变传统的就业模式，同时，也给劳动者权益保障带来了全新的挑战（陈林和李明霞，2023）。我国在劳动者权益保障的法规建设和行政监管等领域进行了积极探索，重点关注社会保障体系的改进，以更好地保障劳动者的权益。本研究主要通过分析失业保险覆盖率、工伤保险覆盖率、城镇职工医疗保险覆盖率、城镇职工养老保险覆盖率及其变动来描述劳动者在就业过程中面临的保障风险。

1. 失业保险覆盖率

由表3–21可知，1992—2020年我国失业保险覆盖率整体呈现先减后增的趋势。1992—1999年发展不稳定，受1997年亚洲金融危机影响，失业率逐渐增加，失业保险制度发展压力增大，其中1998年失业保险覆盖率达到了最低点36.6761%；2000—2005年处于覆盖水平持续下降的阶段，此后三年略有回升；2009—2020年又呈现快速发展的状态，特别是“十二五”以来，国家制定了一系列更加积极的就业政策，逐步强化失业保险对就业的促进功能（宋雪程，2015），我国失业保险参保人数逐年增多。

表3–21 1992—2020年我国失业保险覆盖率

单位：%

年份	失业保险覆盖率	年份	失业保险覆盖率
1992	41.6718	2007	37.6203
1993	43.3906	2008	38.6251
1994	42.7159	2009	38.1594
1995	43.2652	2010	38.5608
1996	41.8286	2011	39.7664
1997	38.3110	2012	40.8311
1998	36.6761	2013	42.6112
1999	43.9586	2014	42.9252
2000	44.9587	2015	42.3453
2001	42.9242	2016	43.0163
2002	40.4690	2017	43.4739
2003	39.5459	2018	44.3489
2004	38.7788	2019	45.3992
2005	37.5064	2020	46.8739
2006	37.7543		

数据来源：根据国家统计局和《中国劳动统计年鉴》数据计算得到。

2. 工伤保险覆盖率

由表 3-22 可知，1993—2020 年我国工伤保险覆盖率总体呈不断上升的趋势，从 6.0424% 增加到 57.8406%。其中，2004 年我国正式实施《工伤保险条例》，自条例实施后，工伤保险的覆盖面迅速扩大，2003—2004 年我国工伤保险覆盖率大幅上升，增加了 7.6392 个百分点。从 2005—2020 年的数据来看，我国工伤保险的覆盖率逐年上升。然而，通过观察近几年的数据发现，上升速度较为缓慢，在广大劳动人群中，仍有大量未参加工伤保险的劳动者，离实现我国工伤保险全覆盖的目标仍然存在一定的距离。

表 3-22　1993—2020 年我国工伤保险覆盖率

单位：%

年份	工伤保险覆盖率	年份	工伤保险覆盖率
1993	6.0424	2007	39.3287
1994	9.7683	2008	42.9469
1995	13.7330	2009	44.7017
1996	15.5738	2010	46.5901
1997	16.8798	2011	49.1513
1998	17.4930	2012	50.9832
1999	17.4563	2013	51.6968
2000	18.7909	2014	51.9839
2001	18.0133	2015	52.3817
2002	17.5110	2016	52.0542
2003	17.4411	2017	52.5914
2004	25.0803	2018	53.9022
2005	29.8630	2019	56.3064
2006	34.6558	2020	57.8406

数据来源：根据国家统计局和《中国劳动统计年鉴》数据计算得到。

3. 城镇职工医疗保险覆盖率

由表 3–23 可知，我国城镇职工医疗保险覆盖率在 1993—2020 年整体呈上升趋势，且增幅较大，为 53.4909 个百分点。1993—1999 年，城镇职工医疗保险覆盖率较低，均在 10% 以下。1998 年，我国正式建立城镇职工基本医疗保险制度，首次提出“统账结合”的新型医疗保险制度模式，并且不断对我国的医疗保险制度和卫生制度进行改革和完善（卢江阳，2011），因而 1999—2020 年我国城镇职工医疗保险覆盖率不断攀升，2020 年达到峰值 54.9563%。这在一定程度上反映出我国城镇职工医疗保险制度取得了显著的成就。

表 3–23　1993—2020 年我国城镇职工医疗保险覆盖率

单位：%

年份	城镇职工医疗保险覆盖率	年份	城镇职工医疗保险覆盖率
1993	1.4654	2007	43.3570
1994	2.0082	2008	46.6864
1995	3.6902	2009	49.2482
1996	3.9714	2010	51.2906
1997	7.6460	2011	52.6303
1998	6.9842	2012	53.2661
1999	6.7348	2013	53.2128
2000	12.3657	2014	52.9967
2001	22.6785	2015	52.2093
2002	27.5281	2016	51.6515
2003	30.4037	2017	51.5839
2004	33.1382	2018	52.6224
2005	35.3013	2019	53.5357
2006	39.0830	2020	54.9563

数据来源：根据国家统计局和《中国劳动统计年鉴》数据计算得到。

4. 城镇职工养老保险覆盖率

由表 3-24 可知，1989—2020 年我国城镇职工养老保险覆盖率整体呈递增趋势，从 33.4739% 增加至 71.0136%。1991 年以前，只有国有企业职工有退休金，其他性质的企业没有养老金，我国城镇职工养老保险覆盖率均在 40% 以下。1991 年以后，我国进行养老金改革，并于 1997 年确立了我国城镇职工基本养老保险制度，该保险基本覆盖城镇各类企业及其员工，城镇职工养老保险覆盖率进一步上升，超过 40%。2005 年，我国进一步扩大城镇职工养老保险覆盖范围，将个体工商户、灵活就业人员均纳入城镇职工养老保险体系，城镇职工养老保险覆盖率在 2012 年首次突破 60%，达到 61.6330%。目前，我国城镇职工养老保险覆盖范围包括各类企业、企业化管理事业单位、城镇个体工商户、灵活就业人员等（林雷，2022），2020 年我国城镇职工养老保险覆盖率再创新高，达到 71.0136%。

表 3-24 1989—2020 年我国城镇职工养老保险覆盖率

单位：%

年份	城镇职工养老保险覆盖率	年份	城镇职工养老保险覆盖率
1989	33.4739	1999	42.3960
1990	30.5187	2000	45.1276
1991	32.3716	2001	44.7784
1992	43.5289	2002	44.2339
1993	43.8517	2003	44.4014
1994	45.5374	2004	44.8844
1995	45.8918	2005	46.2165
1996	43.9635	2006	47.6912
1997	41.7251	2007	49.0524
1998	39.2108	2008	51.6696

续表

年份	城镇职工养老保险覆盖率	年份	城镇职工养老保险覆盖率
2009	53.2471	2015	64.0806
2010	55.9354	2016	66.1727
2011	59.8978	2017	67.7365
2012	61.6330	2018	67.9671
2013	62.7542	2019	68.9021
2014	64.3050	2020	71.0136

数据来源：根据国家统计局和《中国劳动统计年鉴》数据计算得到。

4 就业风险测度与时空演变特征分析

4.1 就业风险内涵界定与识别

4.1.1 就业风险内涵界定

就业风险受众多因素的影响，是一个多元复杂系统。以往对就业风险的研究大多集中在失业风险等个别层面，缺乏全方位的风险研究。因此，本研究借鉴全面风险管理理论对就业风险展开系统全面的分析。全面风险管理理论目前主要应用在企业管理领域，主要强调识别和分析企业可能面临的各种风险并进行相应的管理。全面风险管理不同于个别风险管理，需要对各种风险进行统一、集中的识别。本研究将全面风险的概念应用到就业领域，将就业风险的内涵界定为：涵盖就业全过程全方位的、可能影响其目标实现的各种风险。

4.1.2 就业风险识别

在全面风险管理理念的基础上，本书进一步从风险源的角度识别就业过程中可能面临的各种风险。就业的实际情况与预期目标产生偏差是由于就业过程中存在各种不确定因素，这些不确定因素就是风险源。风险源与风险密切相关，风险源是就业风险的初始起因。风险源包括外部环境与内部系统的不确定变化，从而给就业带来一定程度的损失。在新旧动能转换背景下，就业过程中会面临诸多风险源，本研究从风险来源的角度将就业风险划分为失业风险、动能风险、结构风险、收入风险、健康风险和保障风险六个方面。

（1）失业风险。在新旧动能转换过程中，化解过剩产能会导致部分职工下岗，而新动能的出现使新的岗位需求与劳动者工作能力之间存在差距，劳动者需要一定的时间来学习与新动能有关的知识技能，甚至会出现花费较长时间也未能掌握新技能的状况。因此，在新旧动能转换过程中，有部分劳动者面临着失业的风险。

（2）动能风险。动能风险主要表现为经济增长风险。新旧动能转换在短期内对经济增长的影响具有不确定性，进而影响就业增长。

（3）结构风险。结构风险可以看作是失业风险的一个从属概念。在新旧动能转换过程中，由于产业结构迅速转型，会出现劳动力结构的失衡，进而导致结构性失业风险。

（4）收入风险。收入风险主要指新旧动能转换过程对劳动者收入水平及不同群体之间收入差距带来的不确定性。

（5）健康风险。健康风险是指工作过程中某一或某些危险因素影响劳动者健康的可能性和其可能造成的后果。在新旧动能转换过程中，出现了大批灵活就业人员，其工作规范性不高，工作过程中存在较高的健康风险。

（6）保障风险。保障风险主要指劳动者在失业保险、工伤保险、养老保险、医疗保险等社会保障方面存在的不确定性。随着新旧动能转换的推进，灵活就业人员比重越来越大，但他们在养老保险、医疗保险、工伤保险等社会保险方面的保障尚不充分，社会保障风险较高。

4.2 就业风险评价指标体系与测度方法

4.2.1 就业风险评价指标体系设计

根据就业风险来源，本研究选取失业风险、动能风险、结构风险、收入风险、健康风险和保障风险 6 个一级指标构建就业风险评价指标体系。基于科学性、客观性、可比性、可操作性等原则，在 6 个一级指标下，本研究进一步筛选出 17 个二级指标。其中，失业风险的二级指标主要关注失业的绝对水平和相对水平；动能风险的二级指标主要关注经济发展水平以及经济增长对就业的带动能力；结构风险的二级指标主要关注就业的产业结构和学历结构；收入风险的二级指标主要关注收入水平以及城乡居民收入差距；健康风险的二级指标主要关注工伤事故发生率和职业病发生率；保障风险的二级指标主要关注失业、医疗、养老和工伤保险的覆盖率。本研究构建的就业风险评价指标体系具体如表 4-1 所示。

表 4-1 就业风险评价指标体系

目标层	一级指标	二级指标	指标方向
就业风险	失业风险	城镇登记失业率	正向
		城镇登记失业人数	正向
	动能风险	GDP 增长率	负向
		人均实际 GDP	负向
		就业弹性系数	负向

续表

目标层	一级指标	二级指标	指标方向
就业风险	结构风险	第三产业就业占比	负向
		就业结构和产业结构协调系数	负向
		大专及以上就业人员占比	负向
	收入风险	城镇单位就业人员实际平均工资	负向
		城镇单位就业人员平均工资指数	负向
		城乡居民收入差距	正向
	健康风险	工伤事故发生率	正向
		职业病发生率	正向
	保障风险	失业保险覆盖率	负向
		城镇职工医疗保险覆盖率	负向
		城镇职工养老保险覆盖率	负向
		工伤保险覆盖率	负向

就业风险各指标的含义及数据来源如下。

1. 失业风险

（1）城镇登记失业率。城镇登记失业率越高，表示失业风险越大，即就业风险越高。因此，该指标为正向指标。该指标数据来源于国家统计局。

（2）城镇登记失业人数。城镇登记失业人数越多，表示失业风险越大，即就业风险越高。因此，该指标为正向指标。该指标数据来源于国家统计局。

2. 动能风险

（1）GDP 增长率。基于经济理论，一般而言，经济增长对就业有带动作用，GDP 增长率越高，就业风险越小。因此，该指标为负向指标。该指标数据来源于《中国统计年鉴》。

（2）人均实际 GDP。人均实际 GDP 是衡量经济发展状况的重要指标，人均实际 GDP 越高，经济发展越好，就业风险越小。因此，该指标为负向指标。该指标原始数据来源于《中国统计年鉴》。

（3）就业弹性系数。就业弹性系数可以反映 GDP 增长与吸收劳动力的能力的关系，其计算公式为：就业弹性系数 = 就业增长率 /GDP 增长率。就业弹性系数越大，表示吸收劳动力的能力越强，就业风险越小。因此，该指标为负向指标。该指标原始数据来源于国家统计局和《中国统计年鉴》。

3. 结构风险

（1）第三产业就业占比。根据配第 – 克拉克定理，随着经济的发展，劳动力的转移趋势是首先从第一产业向第二产业转移，然后向第三产业转移。第三产业就业占比不断上升是就业结构优化的表现。第三产业就业占比越大，就业结构越优，就业风险越小。因此，该指标为负向指标。该指标原始数据来源于国家统计局。

（2）就业结构和产业结构协调系数。就业结构和产业结构协调系数可以反映就业结构和产业结构的协调程度，其计算公式为：$C=\sum_{i=1}^{n}(Y_iL_i)/\sqrt{\sum_{i=1}^{n}Y_i^2\sum_{i=1}^{n}L_i^2}$。其中，$C$ 表示就业结构和产业结构协调系数，Y_i 是第 i 产业产值占总产值的比重，L_i 是第 i 产业就业人数占总就业人数的比重。就业结构和产业结构协调系数的取值范围在 0~1 之间，数值越大，表示就业结构和产业结构的协调性越高，就业风险越小。因此，该指标为负向指标。该指标原始数据来源于国家统计局。

（3）大专及以上就业人员占比。大专及以上就业人员占比可以反映劳动者的人力资本结构。劳动者的人力资本是影响就业风险的重要因素，劳动者人力资本水平越高，就业风险越小。因此，该指标为负向指标。该指标原始数据来源于《中国劳动统年鉴》。

4. 收入风险

（1）城镇单位就业人员实际平均工资。城镇单位就业人员实际平均工资是反映就业人员工资水平的重要指标。该指标值越大，表明就业人员工资水平越高，就业风险越小。因此，该指标是负向指标。该指标原始数据来源于《中国统计年鉴》和《中国劳动统计年鉴》。

（2）城镇单位就业人员平均工资指数。城镇单位就业人员平均工资指数可以反映就业人员平均工资水平的相对变化情况。该指标值越大，表明就业人员平均工资相对上涨，就业风险越小。因此，该指标是负向指标。该指标数据来源于《中国劳动统计年鉴》。

（3）城乡居民收入差距。本研究用城镇居民人均可支配收入与农村居民人均可支配收入之比来衡量城乡居民收入差距。城乡居民收入差距扩大不利于农村劳动力的稳定，会增大就业风险。因此，该指标是正向指标。该指标原始数据来源于国家统计局。

5. 健康风险

（1）工伤事故发生率。工伤事故发生率是认定（视同）工伤人数占就业人数的比重。该指标值越大，表明劳动者在工作或视同工作过程中的健康风险越大，就业风险越高。因此，该指标是正向指标。该指标原始数据来源于国家统计局和《中国劳动统计年鉴》。

（2）职业病发生率。职业病发生率是职业病人数占就业人数的比重。该指标值越大，表明劳动者职业健康风险越大，就业风险越高。因此，该指标是正向指标。该指标原始数据来源于国家统计局和《中国劳动统计年鉴》。

6. 保障风险

（1）失业保险覆盖率。本研究将该指标定义为失业保险参保人数与城镇就业人数之比。失业保险的覆盖面越广，保障程度就相对越高，那么就业风险就会越小。因此，该指标是负向指标。该指标原始数据来源于国家统计局和《中国劳动统计年鉴》。

（2）城镇职工医疗保险覆盖率。城镇职工医疗保险覆盖率是指城镇职工医疗保险参保人数占城镇就业人数的比重。城镇职工医疗保险可以减轻劳动者因患病、治疗等所遭受的经济风险，城镇职工医疗保险覆盖率越高，表明抗风险能力越强，就业风险越小。因此，该指标为负向指标。该指标原始数据来源于国家统计局和《中国劳动统计年鉴》。

（3）城镇职工养老保险覆盖率。城镇职工养老保险对劳动者在年老时给予经济补偿，使其享有基本生活保障。城镇职工养老保险覆盖率=城镇职工养老保险参保人数/城镇就业人数，数值越高，劳动者的保障风险越低，就业风险越小。因此，该指标为负向指标。该指标原始数据来源于国家统计局和《中国劳动统计年鉴》。

（4）工伤保险覆盖率。工伤保险覆盖率=工伤保险年末参保人数/城镇就业人数，该指标数值越高，说明工伤保险覆盖的就业人员的数量越多，保障范围越广，就业风险相对越小。因此，该指标是负向指标。该指标原始数据来源于国家统计局和《中国劳动统计年鉴》。

4.2.2 赋权方法

1. 熵权法

熵权法是根据数据熵值即信息量大小计算权重的一种客观赋权方

法。熵是一种物理计量单位，可以度量信息的不确定性。熵越大，表示不确定性越大，信息量越小，因而权重越小。运用熵权法对就业风险各指标进行赋权的步骤如下所示。

（1）指标数据的标准化。

假设 k 个指标 X_1，X_2，⋯，X_j，⋯，X_k，其中 $X_j=\{x_{1j}$，x_{2j}，⋯，x_{ij}，⋯，$x_{nj}\}$

正向指标标准化公式为：

$$x'_{ij}=\frac{x_{ij}-\min(X_j)}{\max(X_j)-\min(X_j)}\qquad i=1,\ 2,\ \cdots,\ n;\ j=1,\ 2,\ \cdots,\ k$$

负向指标标准化公式为：

$$x'_{ij}=\frac{\max(X_j)-x_{ij}}{\max(X_j)-\min(X_j)}\qquad i=1,\ 2,\ \cdots,\ n;\ j=1,\ 2,\ \cdots,\ k$$

其中，x_{ij} 为第 i 个个体的第 j 项指标的原始值，x'_{ij} 为第 i 个个体的第 j 项指标的标准化值。

（2）计算指标的信息熵值 e。

$$e_j=-\frac{1}{\ln n}\sum_{i=1}^{n}\left(P_{ij}\cdot\ln(P_{ij})\right)\qquad i=1,\ 2,\ \cdots,\ n;\ j=1,\ 2,\ \cdots,\ k$$

其中，e_j 表示第 j 项指标的熵值，$P_{ij}=x'_{ij}/\sum_{i=1}^{n}x'_{ij}$。

（3）计算信息效用值 d。

$$d_j=1-e_j$$

其中，d_j 表示第 j 项指标的信息效用值。

（4）计算各项指标的权重 w。

$$w_j=d_j/\sum_{j=1}^{k}d_j$$

其中，w_j 表示第 j 项指标的权重。

（5）计算就业风险得分。

$$Risk_i = \sum_{j=1}^{k} w_j x'_{ij}$$

其中，$Risk_i$ 表示第 i 个个体的就业风险得分。

2. 等权重法

等权重法是一种主观赋权方法，将所有指标视为同等重要，赋予相同的权重。等权重法赋权对数据的依赖性小，简单易行，在无法进行权重差别处理的情况下，可以接受（李晓西等，2014）。运用等权重法合成就业风险指数，即将就业风险的 17 项指标视为同等重要，采用简单算术平均法计算就业风险指数。

3. AHP- 熵权法

在确定各指标的权重时，客观赋权法和主观赋权法都有各自的优点，但也都存在一定的局限性。为更全面稳健地评估我国的就业风险水平，本研究进一步采用主观和客观赋权相结合的方法——AHP- 熵权法来确定就业风险各指标的权重。具体而言，首先运用 AHP 层次分析法确定就业风险一级指标（维度指标）的权重，然后运用熵权法确定就业风险二级指标的权重，最后采用乘法合成得到最终的指标权重。层次分析法，简称 AHP，是一种定性和定量相结合的权重分析方法，可以用来确定各因素的主观权重。AHP 层次分析法的主要思路是通过专家打分法比较两两指标之间的重要程度，建立判断矩阵，然后通过计算判断矩阵的对应特征向量和最大特征根，得到不同指标的权重。AHP- 熵权法的具体步骤如下所示。

（1）采用五标度法构造两两判断矩阵。相较于传统 AHP 层次分析法中的九标度法，五标度法可以降低专家比较各因素重要性的困难，提高专家对各因素差异的判断效率。五标度法采用数字 1—5 及其倒数来量化两两因素的相对重要程度，各数字标度的含义如表 4–2 所示。

表 4–2　五标度法重要性标度的含义

重要性标度	含义
1	表示两个因素相比，具有同等重要性
3	表示两个因素相比，前者相对后者比较重要
5	表示两个因素相比，前者相对后者非常重要
1/3	表示两个因素相比，前者相对后者比较不重要
1/5	表示两个因素相比，前者相对后者非常不重要
2，4，1/2，1/4	表示上述判断的中间值

（2）根据判断矩阵的特征向量和最大特征根计算各因素的主观权重。

（3）一致性检验。使用 CR 值对判断矩阵进行一致性检验。若 CR 值小于 0.1，表示通过一致性检验；反之，则没有通过一致性检验，需要重新构造判断矩阵。

（4）运用五标度 AHP 法确定就业风险各维度（一级指标）的主观权重后，采用熵权法确定二级指标的客观权重，然后采用乘法合成得到最终的指标权重。

4.3　就业风险综合评价与时空变化分析

4.3.1　就业风险综合评价

基于前文构建的就业风险评价指标体系，本研究对我国整体就业风险水平进行综合评价。考虑数据的可得性，本研究采用2006—2020年全国数据分别测算2006—2020年熵权法就业风险指数、等权重法就业风险指数和AHP-熵权法就业风险指数。

1. 中国熵权法就业风险指数

表4-3为运用熵权法计算得到的全国就业风险各指标的权重。可以看出，城镇登记失业率、城镇登记失业人数、GDP增长率、人均实际GDP、就业弹性系数、第三产业就业占比、就业结构和产业结构协调系数、大专及以上就业人员占比、城镇单位就业人员实际平均工资、城镇单位就业人员平均工资指数、城乡居民收入差距、工伤事故发生率、职业病发生率、失业保险覆盖率、城镇职工医疗保险覆盖率、城镇职工养老保险覆盖率和工伤保险覆盖率总共17项指标的权重值分别是2.42%、5.09%、3.38%、5.95%、15.09%、6.10%、7.67%、5.55%、4.90%、4.62%、5.26%、4.64%、4.35%、4.08%、8.88%、6.01%和6.01%。

表4-3　全国熵权法权重系数

目标层	维度	指标名称	信息熵值 *e*	权重系数 *w*/%
就业风险	失业风险	城镇登记失业率	0.9617	2.42
		城镇登记失业人数	0.9195	5.09
	动能风险	GDP增长率	0.9467	3.38
		人均实际GDP	0.9059	5.95
		就业弹性系数	0.7616	15.09
	结构风险	第三产业就业占比	0.9036	6.10
		就业结构和产业结构协调系数	0.8788	7.67
		大专及以上就业人员占比	0.9123	5.55

续表

目标层	维度	指标名称	信息熵值 e	权重系数 w/%
就业风险	收入风险	城镇单位就业人员实际平均工资	0.9226	4.90
		城镇单位就业人员平均工资指数	0.9270	4.62
		城乡居民收入差距	0.9169	5.26
	健康风险	工伤事故发生率	0.9267	4.64
		职业病发生率	0.9312	4.35
	保障风险	失业保险覆盖率	0.9356	4.08
		城镇职工医疗保险覆盖率	0.8597	8.88
		城镇职工养老保险覆盖率	0.9051	6.01
		工伤保险覆盖率	0.9051	6.01

表 4–4 所示为通过熵权法计算得到的我国 2006—2020 年就业风险指数。可以看出，2006 年至 2020 年我国就业风险总体呈现下降态势。具体而言，熵权法就业风险指数由 2006 年的 63.77 下降到 2020 年的 31.55，就业风险降低幅度十分明显。但熵权法就业风险指数在 2008 年和 2020 年出现不同程度的上升。2008 年国际金融危机对我国就业造成了一定的冲击，就业风险指数从 2007 年的 57.96 上升到 58.20。2020 年受新冠疫情影响，就业风险指数从 2019 年的 21.05 上升到 31.55，增加幅度为 10.5，表明我国就业因新冠疫情受到了较大的冲击。总体来说，除特殊事件影响外，我国就业风险呈现不断降低的趋势。

表 4-4 我国 2006—2020 年熵权法就业风险指数

年份	熵权法就业风险指数	年份	熵权法就业风险指数
2006	63.77	2014	37.30
2007	57.96	2015	34.06
2008	58.20	2016	33.19
2009	53.19	2017	30.07
2010	51.40	2018	26.25
2011	47.05	2019	21.05
2012	42.97	2020	31.55
2013	41.04		

2. 中国等权重法就业风险指数

表 4-5 所示为通过等权重法计算得到的我国 2006—2020 年就业风险指数。可以看出，与熵权法就业风险指数类似，除 2008 年和 2020 年外，等权重法就业风险指数整体呈现下降的态势。整体而言，等权重法就业风险指数从 2006 年的 65.26 降低到 2020 年的 30.17，下降趋势较为明显。2008 年与 2020 年分别因国际金融危机与新冠疫情的影响，就业遭到一定冲击。2008 年等权重法就业风险指数从 2007 年的 60.01 上升到 63.86，2020 年等权重法就业风险指数从 2019 年的 20.93 上升到 30.17。

表 4-5 我国 2006—2020 年等权重法就业风险指数

年份	等权重法就业风险指数	年份	等权重法就业风险指数
2006	65.26	2010	58.45
2007	60.01	2011	53.67
2008	63.86	2012	49.60
2009	59.84	2013	48.19

续表

年份	等权重法就业风险指数	年份	等权重法就业风险指数
2014	44.33	2018	27.86
2015	40.05	2019	20.93
2016	38.20	2020	30.17
2017	33.10		

3. 中国 AHP- 熵权法就业风险指数

针对就业风险的 6 个维度即失业风险、动能风险、结构风险、收入风险、健康风险和保障风险，构建 6 阶判断矩阵，采用和积法进行 AHP 层次分析研究，AHP 层次分析结果如表 4-6 所示。失业风险、动能风险、结构风险、收入风险、健康风险和保障风险的特征向量为（1.230，1.241，0.731，1.238，0.841，0.718），6 个维度对应的权重分别为 20.51%、20.69%、12.18%、20.63%、14.02% 和 11.97%。此外，根据特征向量计算出最大特征根为 6.186，进一步根据最大特征根计算得到 CI 值为 0.037。

表 4-6 AHP 层次分析结果

维度	特征向量	权重值 /%	最大特征根	CI 值
失业风险	1.230	20.51	6.186	0.037
动能风险	1.241	20.69		
结构风险	0.731	12.18		
收入风险	1.238	20.63		
健康风险	0.841	14.02		
保障风险	0.718	11.97		

运用 AHP 层次分析法计算权重时，需要根据一致性指标 CR 对判断矩阵进行一致性检验。一致性指标 CR 的计算公式为：CR=CI/RI。

RI 值通过查询随机一致性 RI 表格得到，6 阶判断矩阵的随机一致性 RI 值为 1.260，CI 值为 0.037，因此 CR 值为 0.030。一般而言，CR 值小于 0.1，则判断矩阵通过一致性检验。AHP 层次分析法一致性检验结果汇总如表 4–7 所示。本研究的判断矩阵通过一致性检验，计算得到的权重具有一致性。

表 4–7 一致性检验结果汇总

最大特征根	CI 值	RI 值	CR 值	一致性检验结果
6.186	0.037	1.260	0.030	通过

表 4–8 为运用 AHP– 熵权法计算得到的全国就业风险各指标的权重。运用 AHP 层次分析法得到就业风险一级指标的主观权重后，进一步基于全国数据采用熵权法分别确定各维度下二级指标的客观权重，得到加权前权重系数，然后用一级指标的主观权重乘以二级指标的客观权重得到就业风险各指标的最终权重，具体如表 4–8 所示。

表 4–8 全国 AHP– 熵权法权重系数

单位：%

一级指标	维度权重	二级指标	加权前权重系数	加权后权重系数
失业风险	20.51	城镇登记失业率	32.23	6.61
		城镇登记失业人数	67.77	13.90
动能风险	20.69	GDP 增长率	13.82	2.86
		人均实际 GDP	24.38	5.04
		就业弹性系数	61.80	12.78
结构风险	12.18	第三产业就业占比	31.58	3.85
		就业结构与产业结构协调系数	39.69	4.84

续表

一级指标	维度权重	二级指标	加权前权重系数	加权后权重系数
结构风险	12.18	大专及以上就业人员占比	28.73	3.50
收入风险	20.63	城镇单位就业人员实际平均工资	33.15	6.84
		城镇单位就业人员平均工资指数	31.26	6.45
		城乡居民收入差距	35.59	7.34
健康风险	14.02	工伤事故发生率	51.61	7.24
		职业病发生率	48.39	6.78
保障风险	11.97	失业保险覆盖率	16.32	1.95
		城镇职工医疗保险覆盖率	35.56	4.26
		城镇职工养老保险覆盖率	24.06	2.88
		工伤保险覆盖率	24.06	2.88

表 4-9 所示为运用 AHP- 熵权法计算得到的我国 2006—2020 年就业风险指数。可以看出，2006—2020 年我国 AHP- 熵权法就业风险指数总体呈下降态势，分布在 24.66~54.45 之间，均值为 43.74，标准差为 8.61。受国际金融危机影响，2008 年就业风险指数由 2007 年的 47.57 上升到 54.45，且该影响持续时间较长，直到 2012 年就业风险指数才与 2007 年持平。2020 年新冠疫情对就业的冲击较大，就业风险指数由 2019 年的 24.66 急剧上升到 43.48。

表 4-9 我国 2006—2020 年 AHP- 熵权法就业风险指数

年份	AHP- 熵权法就业风险指数	年份	AHP- 熵权法就业风险指数
2006	50.62	2014	44.04
2007	47.57	2015	40.08
2008	54.45	2016	38.98
2009	51.70	2017	34.31
2010	52.33	2018	30.41
2011	50.03	2019	24.66
2012	46.43	2020	43.48
2013	46.97		

本研究进一步将通过以上三种赋权方法（熵权法、等权重法和 AHP- 熵权法）计算得到的就业风险指数绘制成时间序列折线图进行比较，如图 4-1 所示。从图中可以直观地看到，通过熵权法、等权重法和 AHP- 熵权法得到的 2006—2020 年我国就业风险指数走势基本一致，除 2008 年和 2020 年外，就业风险整体呈现下降趋势，结论具有

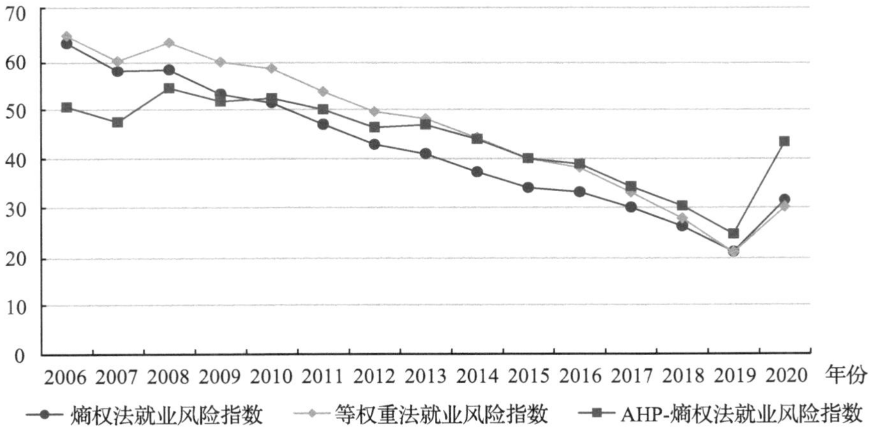

图 4-1 三种赋权方法就业风险指数趋势图

稳健性。这表明在大力推动供给侧结构性改革和新旧动能转换的背景下，国家将“稳就业，促民生”落实到工作中，就业方面成效显著。但在2020年新冠疫情冲击下，我国就业风险上升，加之后疫情时代受经济下行压力影响，就业岗位不足、供需矛盾突出等问题凸显，我国在就业层面依然面临着严峻的挑战。

4.3.2 中国各省份就业风险指数

基于前文构建的就业风险评价指标体系，本研究进一步对我国各省份就业风险进行测度。考虑数据的可得性，本研究使用我国29个省份（不含西藏、新疆和港澳台）的数据分别测算2006—2020年各省份熵权法就业风险指数、等权重法就业风险指数和AHP–熵权法就业风险指数。

1. 各省份熵权法就业风险指数

表4–10为运用熵权法计算得到的省份就业风险各指标的权重。根据省份熵权法权重系数计算得到2006—2020年我国各省份熵权法就业风险指数，如表4–11所示。从整体变动趋势看，2006—2020年各省份就业风险总体呈现下降的趋势。从地区层面看，各省份就业风险呈现由东向西逐渐增加的特点。东部地区2006—2020年熵权法就业风险指数分布在23.16~30.41，均值为27.09；中部地区2006—2020年熵权法就业风险指数分布在28.25~34.77，均值为31.95；西部地区2006—2020年熵权法就业风险指数分布在28.79~40.72，均值为36.02。从省域层面看，2006—2020年海南、北京和上海等省份就业风险始终保持较低水平，而西部省份如贵州、四川、云南等就业风险较高。国家要发挥发达地区的辐射带动作用，进一步降低就业风险。

表 4-10 省份熵权法权重系数

目标层	维度	指标名称	信息熵值 *e*	权重系数 *w*/%
就业风险	失业风险	城镇登记失业率	0.9911	2.85
		城镇登记失业人数	0.9668	10.67
	动能风险	GDP 增长率	0.9861	4.46
		人均实际 GDP	0.9938	2.00
		就业弹性系数	0.9891	3.51
	结构风险	第三产业就业占比	0.9929	2.29
		就业结构和产业结构协调系数	0.9455	17.51
		大专及以上就业人员占比	0.9949	1.65
	收入风险	城镇单位就业人员实际平均工资	0.9956	1.40
		城镇单位就业人员平均工资指数	0.9918	2.65
		城乡居民收入差距	0.9770	7.39
	健康风险	工伤事故发生率	0.9503	15.96
		职业病发生率	0.9320	21.85
	保障风险	失业保险覆盖率	0.9970	0.95
		城镇职工医疗保险覆盖率	0.9952	1.54
		城镇职工养老保险覆盖率	0.9948	1.66
		工伤保险覆盖率	0.9948	1.66

表 4-11　2006—2020 年我国各省份（地区）熵权法就业风险指数

省份（地区）	2006年	2007年	2008年	2009年	2010年	2011年	2012年	2013年	2014年	2015年	2016年	2017年	2018年	2019年	2020年	平均值
东部	29.87	29.35	30.41	29.26	29.68	28.73	27.80	27.45	26.47	25.79	25.49	24.54	23.67	23.16	24.71	27.09
海南	23.90	22.13	23.50	21.68	19.86	19.44	20.32	18.55	18.17	17.30	18.16	17.64	17.46	17.44	18.52	19.61
北京	21.43	20.95	21.52	20.53	21.99	24.78	21.11	26.77	18.91	19.59	16.61	16.76	16.30	16.58	18.58	20.16
上海	22.44	23.61	26.11	25.83	26.03	26.12	25.66	23.16	22.26	21.67	20.69	19.75	18.62	18.04	17.69	22.51
福建	29.18	26.60	26.60	25.02	26.28	23.73	23.67	25.92	24.08	23.35	24.86	23.29	22.56	23.27	26.93	25.02
江苏	28.86	28.59	29.78	29.21	29.02	28.56	28.00	26.08	26.21	25.34	24.93	24.27	24.34	23.43	24.78	26.76
天津	32.20	31.56	28.87	30.01	30.51	28.54	25.79	25.73	29.36	30.15	26.54	27.72	22.38	21.96	25.04	27.76
广东	36.18	33.09	35.09	33.28	33.94	31.62	30.15	28.41	26.17	24.96	24.57	23.90	23.66	23.21	28.80	29.13
辽宁	32.38	30.43	30.59	30.01	30.36	30.03	29.97	28.24	29.22	29.80	32.94	29.36	29.86	29.10	30.18	30.16
浙江	31.99	33.13	37.13	34.45	36.21	35.54	33.30	33.43	30.57	26.64	25.86	25.10	24.91	24.16	25.84	30.55
河北	34.37	32.90	34.63	35.04	35.41	33.46	34.21	33.43	34.25	31.77	32.85	32.03	30.04	28.68	27.43	32.70
山东	35.64	39.85	40.66	36.81	36.85	34.27	33.67	32.23	31.99	33.08	32.34	30.15	30.27	28.91	27.97	33.65
中部	32.84	32.71	34.16	33.06	34.77	33.80	33.13	33.07	32.31	30.82	30.74	30.32	30.52	28.80	28.25	31.95

续表

省份（地区）	2006年	2007年	2008年	2009年	2010年	2011年	2012年	2013年	2014年	2015年	2016年	2017年	2018年	2019年	2020年	平均值
江西	26.87	28.07	28.96	30.28	27.59	27.06	26.91	27.23	27.38	26.08	26.83	25.48	26.47	24.66	25.45	27.02
吉林	31.43	27.01	33.01	28.73	29.58	29.48	28.88	27.75	28.37	28.06	28.86	29.10	27.34	26.22	25.49	28.62
安徽	32.14	30.88	32.41	31.13	30.99	32.46	32.41	31.15	30.97	29.50	29.29	27.06	26.58	26.99	27.19	30.08
黑龙江	35.71	33.62	36.46	33.31	32.98	29.34	30.03	34.74	32.51	29.67	28.69	29.55	31.92	28.84	25.81	31.54
河南	32.99	37.19	34.61	33.73	34.86	35.67	32.95	32.52	31.04	29.75	27.82	26.70	27.20	27.55	29.84	31.63
湖北	34.20	33.56	35.48	34.57	34.62	35.49	33.95	33.41	30.71	29.21	28.85	28.71	28.08	27.62	30.89	31.96
山西	32.84	34.13	35.29	37.90	39.28	38.62	36.77	35.83	37.89	36.99	36.78	36.44	37.87	35.25	33.45	36.35
湖南	36.57	37.23	37.01	34.85	48.23	42.26	43.14	41.96	39.58	37.30	38.79	39.49	38.69	33.31	27.89	38.42
西部	**39.24**	**38.59**	**39.05**	**38.47**	**40.72**	**37.80**	**37.17**	**37.59**	**37.62**	**35.80**	**35.59**	**33.18**	**31.13**	**29.61**	**28.79**	**36.02**
青海	33.97	32.70	31.89	33.98	31.98	30.02	27.52	28.34	27.27	26.82	27.43	25.84	27.47	23.68	24.01	28.86
广西	30.90	30.89	32.76	32.37	37.83	32.83	32.29	31.15	31.22	28.87	28.00	25.63	24.84	24.59	24.37	29.90
宁夏	35.00	39.85	35.81	34.56	37.30	34.24	36.29	33.66	32.76	29.96	30.56	28.67	27.07	27.43	23.69	32.46
内蒙古	34.48	31.96	32.89	32.81	34.13	32.50	33.42	33.23	32.52	32.59	32.61	32.06	30.92	30.30	32.91	32.62

续表

省份（地区）	2006年	2007年	2008年	2009年	2010年	2011年	2012年	2013年	2014年	2015年	2016年	2017年	2018年	2019年	2020年	平均值
陕西	35.87	34.31	33.91	32.91	34.29	33.11	35.57	35.60	36.27	35.41	34.67	33.30	33.11	31.19	28.66	33.88
甘肃	40.34	40.82	43.51	38.72	42.34	40.03	37.73	37.11	37.64	35.71	34.89	35.31	35.45	35.00	30.33	37.66
云南	45.63	42.14	42.06	42.15	41.77	39.47	38.61	37.74	37.75	37.34	36.52	33.19	32.80	31.48	32.66	38.09
四川	36.86	36.64	40.42	41.08	39.47	40.57	40.26	42.65	43.62	38.89	37.05	38.55	34.54	32.53	31.70	38.32
重庆	53.13	52.31	49.87	48.98	56.77	47.48	41.10	46.41	46.48	43.65	41.57	36.38	27.42	25.30	28.70	43.04
贵州	46.20	44.25	47.41	47.13	51.26	47.80	48.92	50.02	50.63	48.71	52.65	42.83	37.67	34.61	30.83	45.40

2. 各省份等权重法就业风险指数

运用等权重法计算得到的 2006—2020 年我国各省份就业风险指数如表 4–12 所示。可以看出，2006—2020 年，各地区、各省份的等权重法就业风险指数存在较大差异。东部地区等权重法就业风险指数的平均水平最低，其中，北京和上海的等权重法就业风险指数始终处于 40 以下。西部地区等权重法就业风险指数的平均水平最高，其中云南、贵州和甘肃的等权重法就业风险指数始终处于 53 以上。中部地区等权重法就业风险指数的平均水平介于东部和西部地区之间，全部 8 个中部省份的等权重法就业风险指数在 48~60 之间。因此，相比于中东部省份，西部省份面临着更大的就业风险。从时间趋势看，东、中、西部三个区域的等权重法就业风险指数呈现波动下降趋势。其中，东部和西部地区就业风险指数下降幅度较大，而中部地区就业风险指数下降幅度较小。

3. 各省份 AHP– 熵权法就业风险指数

表 4–13 为运用 AHP– 熵权法计算得到的省份就业风险各指标的权重。基于省份数据，采用熵权法分别计算就业风险 6 个维度下二级指标的客观权重，得到加权前权重系数，然后乘以各维度的主观权重，得到最终的加权后权重系数，具体如表 4–13 所示。

根据省份 AHP– 熵权法权重系数计算得到的 2006—2020 年我国各省份就业风险指数如表 4–14 所示。从地区层面看，东部地区 AHP–熵权法就业风险指数明显低于中西部地区，中部和西部地区就业风险水平差距较小，西部地区就业风险水平略高于中部地区。从省域层面看，中西部地区各省份之间就业风险指数差距较小，而东部地区差距较大。中部地区各省份 2006—2020 年就业风险指数的平均值分布在 37.49~46.05，西部地区各省份 2006—2020 年就业风险指数的平均值分

表 4-12　2006—2020 年我国各省份（地区）等权重法就业风险指数

省份（地区）	2006年	2007年	2008年	2009年	2010年	2011年	2012年	2013年	2014年	2015年	2016年	2017年	2018年	2019年	2020年	平均值
东部	**48.72**	**47.15**	**47.73**	**46.50**	**45.13**	**45.25**	**44.76**	**44.98**	**44.70**	**44.02**	**44.35**	**42.87**	**41.98**	**40.76**	**42.51**	**44.76**
北京	38.13	36.17	34.99	35.38	32.21	31.31	29.05	30.55	28.87	29.75	28.66	27.37	25.68	21.99	18.72	29.92
上海	34.25	34.62	37.00	36.32	35.87	36.27	38.85	37.11	37.15	37.49	35.51	34.90	33.72	33.68	28.60	35.42
天津	43.53	40.28	42.95	42.11	40.52	43.85	41.90	41.62	41.89	40.61	39.69	39.33	36.78	36.22	43.44	40.98
海南	52.04	48.82	50.17	46.34	42.16	41.62	43.61	42.00	43.45	41.76	44.09	43.07	42.31	41.24	44.34	44.47
广东	50.16	47.56	47.86	45.62	43.69	42.76	41.87	45.13	42.87	42.93	43.63	43.79	42.93	43.05	44.62	44.56
浙江	53.46	52.30	52.94	50.14	49.80	49.67	47.42	46.25	46.02	45.29	44.91	43.54	42.09	40.24	40.42	46.97
江苏	49.19	49.16	50.10	48.95	49.16	48.51	47.54	48.92	50.03	48.29	48.41	47.55	47.38	44.06	44.09	48.09
辽宁	52.61	49.57	47.65	48.16	47.79	49.31	48.77	48.53	49.64	48.32	50.89	46.00	45.46	45.84	51.68	48.68
福建	54.06	52.97	52.89	51.27	50.55	49.84	49.49	50.26	49.05	49.54	50.65	49.40	49.67	47.89	48.25	50.38
山东	54.33	54.82	56.04	52.15	51.85	51.54	50.42	49.93	49.78	49.59	49.28	47.76	47.02	45.56	50.17	50.68
河北	54.17	52.43	52.43	55.01	52.82	53.05	53.42	54.43	52.98	50.65	52.14	48.85	48.72	48.62	53.25	52.20
中部	**54.64**	**52.94**	**54.05**	**52.95**	**53.41**	**53.66**	**53.28**	**54.77**	**54.37**	**53.37**	**52.98**	**52.01**	**51.16**	**50.80**	**53.12**	**53.17**

续表

省份（地区）	2006年	2007年	2008年	2009年	2010年	2011年	2012年	2013年	2014年	2015年	2016年	2017年	2018年	2019年	2020年	平均值
吉林	52.83	48.54	52.64	51.02	51.33	51.15	51.08	52.27	52.84	52.24	52.69	51.62	49.82	49.56	50.82	51.36
黑龙江	54.74	53.58	53.15	51.61	52.42	51.58	51.63	53.65	53.01	49.70	50.75	51.03	51.33	48.57	50.79	51.84
江西	54.23	52.50	51.86	49.00	48.85	50.99	50.67	52.93	53.82	53.01	52.81	52.23	51.96	51.64	53.39	51.99
山西	52.27	52.52	53.62	55.09	53.03	52.63	50.96	52.31	53.41	52.84	53.33	50.62	51.12	50.68	51.65	52.41
湖北	56.79	53.41	56.36	53.63	53.73	56.32	55.75	55.31	53.39	52.69	51.68	51.14	49.88	50.13	55.65	53.72
安徽	55.28	53.34	53.46	52.93	53.04	53.41	54.03	55.52	55.65	54.50	55.18	53.17	51.82	52.76	54.06	53.88
河南	53.57	53.60	54.37	54.65	55.41	55.50	54.15	56.58	53.85	53.84	52.82	51.62	51.00	52.15	55.97	53.94
湖南	57.41	56.00	56.95	55.69	59.44	57.67	58.00	59.63	59.02	58.17	54.58	54.61	52.32	50.88	52.64	56.20
西部	**59.33**	**58.37**	**59.05**	**57.81**	**58.38**	**57.05**	**56.36**	**56.77**	**57.33**	**55.75**	**55.57**	**53.64**	**51.82**	**51.47**	**53.14**	**56.12**
宁夏	55.81	56.93	56.25	56.99	56.28	55.18	54.92	53.57	53.35	52.34	51.68	51.14	45.70	46.28	45.40	52.79
青海	56.91	57.60	56.84	58.40	56.37	54.72	52.92	52.91	52.03	52.35	51.66	50.59	50.67	49.02	50.09	53.53
内蒙古	54.02	52.74	53.27	51.70	54.26	54.10	55.02	56.50	57.19	56.07	55.27	54.77	52.08	50.86	56.47	54.29
陕西	56.95	53.59	54.14	52.27	52.92	53.83	54.60	56.53	57.19	56.53	55.92	54.17	53.78	53.64	52.43	54.57

续表

省份（地区）	2006年	2007年	2008年	2009年	2010年	2011年	2012年	2013年	2014年	2015年	2016年	2017年	2018年	2019年	2020年	平均值
四川	58.92	56.94	59.35	57.26	55.34	54.51	54.25	56.61	58.54	57.91	57.41	51.54	47.87	49.54	53.13	55.27
广西	57.12	56.28	58.49	56.98	59.72	58.62	57.23	55.73	56.52	53.12	54.47	51.66	51.17	51.70	53.06	55.46
重庆	63.62	61.81	61.64	59.24	60.03	57.93	55.43	56.98	57.19	56.65	56.14	53.99	50.42	48.63	49.24	56.60
甘肃	60.59	59.36	61.88	58.88	61.07	59.52	56.22	57.33	58.47	56.85	57.72	57.82	56.13	57.77	56.27	58.39
贵州	65.45	62.63	63.98	62.30	63.60	59.95	60.73	60.46	60.74	58.60	58.96	55.60	53.84	53.46	56.29	59.77
云南	63.88	65.81	64.68	64.07	64.18	62.12	62.30	61.07	62.13	57.10	56.47	55.14	56.55	53.85	59.04	60.56

表 4-13 省份 AHP- 熵权法权重系数

单位：%

一级指标	维度权重	二级指标	加权前权重系数	加权后权重系数
失业风险	20.51	城镇登记失业率	21.07	4.32
		城镇登记失业人数	78.93	16.19
动能风险	20.69	GDP 增长率	44.72	9.25
		人均实际 GDP	20.09	4.16
		就业弹性系数	35.19	7.28
结构风险	12.18	第三产业就业占比	10.69	1.30
		就业结构和产业结构协调系数	81.64	9.94
		大专及以上就业人员占比	7.67	0.93
收入风险	20.63	城镇单位就业人员实际平均工资	12.27	2.53
		城镇单位就业人员平均工资指数	23.17	4.78
		城乡居民收入差距	64.56	13.32
健康风险	14.02	工伤事故发生率	42.20	5.92
		职业病发生率	57.80	8.10
保障风险	11.97	失业保险覆盖率	16.36	1.96
		城镇职工医疗保险覆盖率	26.47	3.17
		城镇职工养老保险覆盖率	28.70	3.44
		工伤保险覆盖率	28.47	3.41

表 4-14　2006—2020 年我国各省份（地区）AHP- 熵权法就业风险指数

省份（地区）	2006年	2007年	2008年	2009年	2010年	2011年	2012年	2013年	2014年	2015年	2016年	2017年	2018年	2019年	2020年	平均值
东部	**36.20**	**34.94**	**36.59**	**35.61**	**34.53**	**34.75**	**34.54**	**34.42**	**34.43**	**34.21**	**34.83**	**33.60**	**33.06**	**32.48**	**36.12**	**34.69**
北京	27.89	26.45	27.06	27.22	25.45	26.92	25.15	27.30	24.61	25.28	24.24	23.67	22.88	21.19	25.61	25.40
上海	27.04	27.11	30.17	30.38	29.69	30.15	31.84	29.63	29.92	30.33	29.32	28.52	27.30	27.66	25.50	28.97
海南	34.19	30.60	33.44	30.35	26.76	26.95	29.24	27.51	28.38	27.17	29.19	28.43	28.26	28.27	30.69	29.30
天津	30.44	29.03	29.67	29.97	29.03	31.15	29.60	29.71	31.78	31.81	31.06	31.81	29.65	29.22	37.41	30.76
福建	36.31	34.98	35.51	34.57	34.00	33.08	33.00	34.30	33.32	33.84	35.12	34.23	34.01	33.46	38.44	34.54
浙江	37.49	36.64	39.14	37.12	36.71	37.37	36.11	35.53	35.20	34.05	33.85	32.89	32.37	31.42	33.81	35.31
江苏	36.55	36.61	38.19	37.36	37.48	37.33	36.74	36.41	37.38	36.23	36.37	35.78	35.87	34.13	35.45	36.52
广东	40.17	38.21	39.89	38.41	36.85	36.07	35.71	36.98	34.96	34.78	35.43	35.28	34.88	35.18	43.83	37.11
河北	40.97	39.70	40.97	42.85	41.50	40.95	41.57	41.92	41.74	40.01	41.42	39.47	38.93	38.34	41.08	40.76
辽宁	43.92	40.24	39.46	40.00	39.39	40.05	39.76	39.09	40.92	42.11	46.16	39.86	39.69	39.96	44.38	41.00
山东	43.23	44.74	48.94	43.51	42.99	42.17	41.24	40.28	40.48	40.68	40.94	39.67	39.79	38.45	41.10	41.88
中部	**41.88**	**40.53**	**41.97**	**41.34**	**41.26**	**41.22**	**41.00**	**42.00**	**41.80**	**41.01**	**40.88**	**40.15**	**39.82**	**39.10**	**41.73**	**41.05**

续表

省份（地区）	2006年	2007年	2008年	2009年	2010年	2011年	2012年	2013年	2014年	2015年	2016年	2017年	2018年	2019年	2020年	平均值
江西	38.35	37.79	37.83	36.39	35.33	35.92	36.05	37.85	38.67	37.99	38.20	37.78	38.18	36.83	39.13	37.49
吉林	38.78	35.05	38.65	37.17	36.72	36.42	36.50	37.05	38.15	38.00	38.79	38.73	37.67	37.38	37.27	37.49
安徽	42.04	39.73	40.55	39.94	38.82	40.59	40.90	41.69	41.55	40.43	40.72	38.71	37.74	38.79	41.40	40.24
黑龙江	43.24	42.00	42.06	40.51	40.92	39.08	40.25	42.65	42.06	39.72	40.07	39.98	40.74	37.86	38.58	40.65
山西	39.22	39.11	41.30	44.16	41.86	41.78	40.66	41.26	43.65	43.69	43.70	41.31	41.62	40.39	41.60	41.69
河南	41.46	41.69	42.77	43.11	43.37	43.09	41.86	43.59	41.39	41.58	40.64	39.16	40.11	41.58	47.02	42.16
湖北	45.61	43.59	46.19	44.11	43.96	45.75	43.75	42.88	40.57	39.48	38.92	39.28	38.31	38.98	47.74	42.61
湖南	46.30	45.29	46.39	45.33	49.13	47.13	48.03	49.01	48.36	47.19	46.00	46.25	44.19	41.00	41.11	46.05
西部	**46.16**	**44.99**	**45.74**	**44.79**	**45.14**	**43.36**	**43.13**	**43.37**	**44.16**	**42.83**	**42.92**	**41.36**	**39.88**	**39.71**	**41.54**	**43.27**
宁夏	39.47	41.76	41.29	40.85	41.00	39.91	40.35	39.12	38.62	37.37	37.58	36.77	33.70	34.41	32.74	38.33
青海	42.34	42.73	42.18	44.17	41.11	39.27	37.49	37.39	36.68	37.37	37.24	36.23	36.65	35.01	37.61	38.90
广西	42.33	41.52	44.06	42.79	45.90	43.17	42.46	40.70	41.58	38.95	39.56	36.67	36.22	37.08	38.21	40.75
内蒙古	39.82	38.65	39.49	38.90	40.81	40.51	41.92	43.07	43.57	43.20	43.22	43.47	41.40	40.87	47.05	41.73

续表

省份（地区）	2006年	2007年	2008年	2009年	2010年	2011年	2012年	2013年	2014年	2015年	2016年	2017年	2018年	2019年	2020年	平均值
重庆	51.79	47.74	46.93	45.18	46.55	42.88	40.47	42.56	43.14	42.37	41.91	39.67	36.09	35.54	39.27	42.81
陕西	46.34	43.12	43.40	42.56	42.06	41.67	42.96	44.28	45.12	44.56	44.19	42.94	42.68	42.79	42.02	43.38
四川	45.68	43.81	47.09	45.32	43.43	43.53	44.48	46.78	50.04	48.46	48.25	45.56	42.15	42.53	45.26	45.49
甘肃	48.27	47.96	49.98	46.95	48.74	47.12	44.31	44.46	45.63	43.98	44.71	45.66	44.21	45.32	43.22	46.03
云南	51.99	51.94	50.92	50.24	49.80	47.36	47.78	46.47	48.03	44.90	44.17	42.31	43.34	41.83	46.80	47.19
贵州	53.56	50.66	52.11	50.91	51.96	48.22	49.07	48.86	49.19	47.17	48.39	44.36	42.34	41.68	43.24	48.11

布在38.33~48.11，而东部地区各省份2006—2020年就业风险指数的平均值分布在25.40~41.88。

综上，根据三种赋权方法计算得到的各省份就业风险指数均呈现出由东向西逐渐增加的特点，结论具有稳健性。因此，国家要进一步降低中西部地区的就业风险水平，同时平衡东部地区各省份间的就业风险。

4.3.3 各省份就业风险指数排名变化趋势

1. 各省份熵权法就业风险指数排名变化

为进一步比较我国各省份就业风险指数变化趋势，本研究比较了2006年、2013年和2020年各省份熵权法就业风险指数排名，如表4-15所示。从表4-15可以看出，在2006年、2013年和2020年三个年份中，北京、上海和海南的熵权法就业风险指数排名始终处于全国前列，就业风险水平最低。2006年熵权法就业风险指数排名末尾的三个省份依次是重庆、贵州和云南，到2020年，山西、内蒙古和云南三个省份的熵权法就业风险指数排名末尾，云南变动较小，其他省份变化较大。熵权法就业风险指数排名持续下降幅度较大（排名下降大于5）的省份包括山西（13—23—29）、河南（14—15—21）和湖北（16—17—25），熵权法就业风险指数排名持续上升幅度较大（排名上升大于5）的省份包括黑龙江（21—21—11）、重庆（29—28—19）、青海（15—10—5）。从各省份熵权法就业风险指数排名变化可以看出，总体而言，东部省份就业风险较低，且排名变化幅度不太大，较为稳定，这与东部地区独特的区域经济以及就业环境有关，例如经济发展相对稳定、企业数量和规模较大以及产业结构较为优良等，这些优势为东部地区带来了较多的就业机会。西部省份如重庆、陕西、甘肃、青海等的熵权法就业风险指数排名持续上升，就业风险不断降低，此外，青海和宁夏在2020年熵权法就业风险指数排名已达到全国前列，这可能得益于西部大开发战略的实施，加快基础设施建设、积极调整产业结构等措施取得显著成效，西部地区就业环境得到改善。而山西、河南和湖北等中部省份的熵权法就业风险指数排名下降幅度较大，就业风险不断上升。虽然近年来一直推动实施中部崛起战略，但中部地区发展不平衡不充分问题依然突出，整体上中部发展还是“一盘散沙”，缺乏带动引擎。

表4-15　2006年、2013年、2020年各省份熵权法就业风险指数排名

省份	2006年		2013年		2020年	
	指数	排名	指数	排名	指数	排名
北京	21.43	1	26.77	6	18.58	3
天津	32.20	11	25.73	3	25.04	8
河北	34.37	17	33.43	18	27.43	15
山西	32.84	13	35.83	23	33.45	29
内蒙古	34.48	18	33.23	16	32.91	28
辽宁	32.38	12	28.24	9	30.18	22
吉林	31.43	8	27.75	8	25.49	10
黑龙江	35.71	21	34.74	21	25.81	11
上海	22.44	2	23.16	2	17.69	1
江苏	28.86	5	26.08	5	24.78	7
浙江	31.99	9	33.43	19	25.84	12
安徽	32.14	10	31.15	13	27.19	14
福建	29.18	6	25.92	4	26.93	13
江西	26.87	4	27.23	7	25.45	9

续表

省份	2006 年		2013 年		2020 年	
	指数	排名	指数	排名	指数	排名
山东	35.64	20	32.23	14	27.97	17
河南	32.99	14	32.52	15	29.84	21
湖北	34.20	16	33.41	17	30.89	25
湖南	36.57	24	41.96	26	27.89	16
广东	36.18	23	28.41	11	28.80	20
广西	30.90	7	31.15	12	24.37	6
海南	23.90	3	18.55	1	18.52	2
重庆	53.13	29	46.41	28	28.70	19
四川	36.86	25	42.65	27	31.70	26
贵州	46.20	28	50.02	29	30.83	24
云南	45.63	27	37.74	25	32.66	27
陕西	35.87	22	35.60	22	28.66	18
甘肃	40.34	26	37.11	24	30.33	23
青海	33.97	15	28.34	10	24.01	5
宁夏	35.00	19	33.66	20	23.69	4

2. 各省份等权重法就业风险指数排名变化

为进一步比较我国各省份就业风险指数变化趋势，本研究比较了 2006 年、2013 年和 2020 年各省份等权重法就业风险指数排名，如表 4-16 所示。从表 4-16 可以看出，在 2006 年、2013 年和 2020 年三个年份中，北京、天津和上海的等权重法就业风险指数排名始终处于全国前列，就业风险水平最低。2006 年等权重法就业风险指数排名末尾的三个省份依次是贵州、云南和重庆，到 2020 年，云南、内蒙古和贵州三个省份的等权重法就业风险指数排名末尾，贵州和云南两省份的等权重法就业风险指数排名始终处于末尾，变动不大，就业风险始终较大。等权重法就业风险指数排名持续下降幅度较大（排名下降大于5）的省份包括河北（14—17—21）、山西（7—12—15）、内蒙古（12—21—28）和河南（11—23—25），等权重法就业风险指数排名持续上升幅度较大（排名上升大于5）的省份包括浙江（10—6—3）、重庆（27—25—10）、青海（21—13—11）和宁夏（19—15—8）。从各省份等权重法就业风险指数排名变化可以看出，东部地区各省份排名变化幅度不太大，西部地区省份如重庆、青海、宁夏等的等权重法就业风险指数排名持续上升，就业风险不断降低，而山西、河南等中部省份的等权重法就业风险指数排名持续下降，就业风险不断上升。

表 4-16　2006 年、2013 年、2020 年各省份等权重法就业风险指数排名

省份	2006 年		2013 年		2020 年	
	指数	排名	指数	排名	指数	排名
北京	38.13	2	30.55	1	18.72	1
天津	43.53	3	41.62	3	43.44	4
河北	54.17	14	54.43	17	53.25	21
山西	52.27	7	52.31	12	51.65	15
内蒙古	54.02	12	56.50	21	56.47	28
辽宁	52.61	8	48.53	7	51.68	16
吉林	52.83	9	52.27	11	50.82	14
黑龙江	54.74	17	53.65	16	50.79	13
上海	34.25	1	37.11	2	28.60	2
江苏	49.19	4	48.92	8	44.09	5

续表

省份	2006年		2013年		2020年	
	指数	排名	指数	排名	指数	排名
浙江	53.46	10	46.25	6	40.42	3
安徽	55.28	18	55.52	19	54.06	23
福建	54.06	13	50.26	10	48.25	9
江西	54.23	15	52.93	14	53.39	22
山东	54.33	16	49.93	9	50.17	12
河南	53.57	11	56.58	23	55.97	25
湖北	56.79	20	55.31	18	55.65	24
湖南	57.41	24	59.63	27	52.64	18
广东	50.16	5	45.13	5	44.62	7
广西	57.12	23	55.73	20	53.06	19
海南	52.04	6	42.00	4	44.34	6
重庆	63.62	27	56.98	25	49.24	10
四川	58.92	25	56.61	24	53.13	20
贵州	65.45	29	60.46	28	56.29	27
云南	63.88	28	61.07	29	59.04	29
陕西	56.95	22	56.53	22	52.43	17
甘肃	60.59	26	57.33	26	56.27	26
青海	56.91	21	52.91	13	50.09	11
宁夏	55.81	19	53.57	15	45.40	8

3. 各省份AHP−熵权法就业风险指数排名变化

为进一步比较我国各省份就业风险指数变化趋势，本研究比较了2006年、2013年和2020年各省份AHP−熵权法就业风险指数排名，如表4−17所示。从表4−17可以看出，在2006年、2013年和2020年三个年份中，北京、上海和海南的AHP-熵权法就业风险指数排名始终处于全国前列，就业风险水平最低。2006年AHP-熵权法就业风险指数排名末尾的三个省份依次是贵州、云南和重庆，到2020年，湖北、内蒙古和河南三个省份的AHP-熵权法就业风险指数排名末尾，变化较大。AHP-熵权法就业风险指数排名持续下降幅度较大（排名下降大于5）的省份包括内蒙古（12—22—28）、河南（15—23—27）和山西（10—16—19），AHP-熵权法就业风险指数排名持续上升幅度较大（排名上升大于5）的省份包括重庆（27—19—14）、青海（18—10—9）、广西（17—15—10）和贵州（29—28—22）。从各省份AHP-熵权法就业风险指数排名变化可以看出，总体而言，东部省份就业风险较低，且排名变化幅度不太大，这与东部地区经济的相对稳定发展有关。西部省份如重庆、青海、广西、贵州等的AHP-熵权法就业风险指数排名持续上升，就业风险不断降低，这可能得益于国家西部大开发战略的实施对这些省份就业的带动。而湖北、河南、山西等中部省份的AHP-熵权法就业风险指数排名持续下降，就业风险不断上升。虽然中部崛起战略在一定程度上促进了中部地区的发展，但整体上中部发展还是“一盘散沙”，缺乏带动引擎。

表4-17　2006年、2013年、2020年各省份AHP-熵权法就业风险指数排名

省份	2006年		2013年		2020年	
	指数	排名	指数	排名	指数	排名
北京	27.89	2	27.30	1	25.61	2
天津	30.44	3	29.71	4	37.41	8
河北	40.97	14	41.92	18	41.08	15
山西	39.22	10	41.26	16	41.60	19

续表

省份	2006 年		2013 年		2020 年	
	指数	排名	指数	排名	指数	排名
内蒙古	39.82	12	43.07	22	47.05	28
辽宁	43.92	21	39.09	12	44.38	24
吉林	38.78	9	37.05	9	37.27	7
黑龙江	43.24	20	42.65	20	38.58	12
上海	27.04	1	29.63	3	25.50	1
江苏	36.55	6	36.41	7	35.45	6
浙江	37.49	7	35.53	6	33.81	5
安徽	42.04	16	41.69	17	41.40	18
福建	36.31	5	34.30	5	38.44	11
江西	38.35	8	37.85	11	39.13	13
山东	43.23	19	40.28	14	41.10	16
河南	41.46	15	43.59	23	47.02	27
湖北	45.61	22	42.88	21	47.74	29
湖南	46.30	24	49.01	29	41.11	17
广东	40.17	13	36.98	8	43.83	23
广西	42.33	17	40.70	15	38.21	10
海南	34.19	4	27.51	2	30.69	3
重庆	51.79	27	42.56	19	39.27	14
四川	45.68	23	46.78	27	45.26	25
贵州	53.56	29	48.86	28	43.24	22
云南	51.99	28	46.47	26	46.80	26
陕西	46.34	25	44.28	24	42.02	20
甘肃	48.27	26	44.46	25	43.22	21
青海	42.34	18	37.39	10	37.61	9
宁夏	39.47	11	39.12	13	32.74	4

综合三种赋权法就业风险指数排名变化可以看出，东部省份就业风险指数排名较靠前，且变化幅度不大，西部省份如重庆、青海等地就业风险指数排名持续上升，而河南、山西等中部省份就业风险指数排名不断下降。

4.4 本章小结

本章首先从全面风险管理的角度，将就业风险界定为涵盖就业全过程全方位的、可能影响其目标实现的各种风险。在分析就业风险内涵的基础上，本研究进一步从风险源的角度，将就业风险分为失业风险、动能风险、结构风险、收入风险、健康风险和保障风险六个维度，构建了包括 6 个一级指标、17 个二级指标在内的就业风险评价指标体系。在合成就业风险指数时，本研究选取了熵权法、等权重法和 AHP- 熵权法三种赋权方法，分别计算得到熵权法就业风险指数、等权重法就业风险指数和 AHP- 熵权法就业风险指数，以保证就业风险测度结果的稳健性。考虑数据的可得性，本研究选取 2006—2020 年全国数据及 29 个省份（不含西藏、新疆和港澳台）数据，分别测度了全国就业风险指数和各省份就业风险指数，并分析就业风险的时空演变特征。

测度结果表明，从全国层面看，运用熵权法、等权重法和 AHP- 熵权法计算得到的 2006—2020 年我国就业风险指数基本趋势一致，测度结果具有稳健性。具体而言，除 2008 年和 2020 年分别受国际金融危机和新冠疫情影响，就业风险指数小幅上升外，我国就业风险整体呈现下降趋势。这表明在供给侧结构性改革和新旧动能转换的进程中，国家在稳就业、促民生方面成效显著。但值得注意的是，2020年受新冠疫情冲击，我国就业风险上升。此外，后疫情时代受经济下行压力影响，就业岗位不足、供需矛盾突出等问题凸显，我国在就业层面依然面临着严峻的挑战。从地区层面看，运用三种赋权方法计算得到的各省份就业风险指数均呈现出由东向西逐步上升的空间特征，结论具有稳健性。2006—2020年东部地区就业风险明显低于中西部地区，同时区域内部各省份间的就业风险差异显著。从各省份就业风险指数排名变化趋势看，东部省份就业风险指数排名较靠前，且变化幅度不大，西部省份如重庆、青海等地就业风险指数排名持续上升，而河南、山西等中部省份就业风险指数排名不断下降。因此，国家要进一步发挥发达地区的辐射带动作用，降低中西部地区的就业风险水平，同时平衡地区内部各省份间的就业风险，全面做好稳就业防风险工作。

5 新旧动能转换对就业风险影响的实证研究

5.1 新旧动能转换评价指标体系构建

5.1.1 新旧动能转换评价指标选取

新旧动能转换是先进生产力逐步代替落后生产力的过程，其本质是经济发展方式的根本转变，由传统要素驱动向创新驱动转变。新旧动能转换主要表现在培育新动能和改造提升传统动能两个方面。新动能培育要以创新为引领，以知识、技术、信息等新生产要素为支撑，推动新技术、新产业、新业态发展，形成新的增长点。改造提升传统动能，要减少对高污染高能耗产业的依赖，促进传统产业与现代信息技术结合，促进产业转型升级。

为监测我国经济发展新动能情况，国家统计局制定了经济发展新动能统计指标体系。经济发展新动能统计指标体系包括知识能力、经济活力、创新驱动、网络经济、转型升级和发展成效 6 个一级指标，40 个二级指标。但实际参与指数计算的一级指标不包括发展成效指标，即将经济发展新动能指数分为知识能力指数、经济活力指数、创新驱动指数 、网络经济指数和转型升级指数共 5 个分类指数，在这 5 个一级指标下具体设置 29 个二级指标。

基于新旧动能转换的内涵，可以看到新旧动能转换的重点在于创新、知识、信息、转型等，与国家统计局制定的经济发展新动能指数的分类指数高度契合。因此，本研究借鉴国家统计局制定的经济发展新动能统计指标体系，同样选取知识能力、经济活力、创新驱动、网络经济、转型升级5个一级指标构建新旧动能转换评价指标体系。在二级指标的选择上，本研究在国家统计局选取的二级指标基础上进行了精简。这是因为指标过多会导致重要指标的权重被弱化，也会增加搜集整理数据的难度，不利于持续追踪与评价。考虑到省份数据的可得性，本研究在5个一级指标下选取11个二级指标构建中国省级新旧动能转换评价指标体系。具体而言，知识能力包括就业人员中研究生及以上学历占比和每万名就业人员R&D人员折合全时当量两个二级指标；经济活力包括实际使用外商直接投资额和快递业务量两个二级指标；创新驱动包括R&D经费支出与GDP之比、基础研究经费占研发支出比重和技术市场成交额三个二级指标；网络经济包括移动电话普及率和互联网宽带接入用户数两个二级指标；转型升级包括高技术产业产值占GDP比值和单位GDP能耗降低率两个二级指标。其中，11个二级指标中除单位GDP能耗降低率为负向指标外，其余均为正向指标。新旧动能转换评价指标体系如表5-1所示。

表5-1 新旧动能转换评价指标体系

一级指标	二级指标	指标方向
知识能力	就业人员中研究生及以上学历占比	正向
	每万名就业人员R&D人员折合全时当量	正向
经济活力	实际使用外商直接投资额	正向
	快递业务量	正向
创新驱动	R&D经费支出与GDP之比	正向
	基础研究经费占研发支出比重	正向
	技术市场成交额	正向

续表

一级指标	二级指标	指标方向
网络经济	移动电话普及率	正向
	互联网宽带接入用户数	正向
转型升级	高技术产业产值占 GDP 比值	正向
	单位 GDP 能耗降低率	负向

考虑数据的可得性，本研究采用2006—2020年我国29个省份（不含西藏、新疆和港澳台）的数据，原始数据来源于历年《中国高技术产业统计年鉴》《中国能源统计年鉴》《中国科技统计年鉴》《中国劳动统计年鉴》《中国第三产业统计年鉴》和各省份统计年鉴以及国家统计局网站。

5.1.2 测度方法

在测度新旧动能转换指数时，本研究参照林攀等（2021）、王晓天（2021）的方法，采用熵权法确定新旧动能转换各指标的权重。用熵权法赋权可以客观反映新旧动能转换各指标的重要程度，避免主观赋权可能造成的偏误。基于信息论的基本原理，各指标的信息熵越小，信息效用值越大，权重越高。

表 5-2 所示为运用熵权法计算得到的新旧动能转换综合指数中各指标的权重。就业人员中研究生及以上学历占比、每万名就业人员 R&D 人员折合全时当量、实际使用外商直接投资额、快递业务量、R&D 经费支出与 GDP 之比、基础研究经费占研发支出比重、技术市场成交额、移动电话普及率、互联网宽带接入用户数、高技术产业产值占 GDP 比值和单位 GDP 能耗降低率的权重分别为 13.18%、7.29%、8.47%、24.79%、4.20%、5.05%、19.54%、2.28%、7.28%、7.35%、0.57%。

表 5-2　新旧动能转换综合指数各指标熵权法权重

一级指标	二级指标	信息熵值 e	权重系数 w/%
知识能力	就业人员中研究生及以上学历占比	0.8711	13.18
	每万名就业人员 R&D 人员折合全时当量	0.9287	7.29
经济活力	实际使用外商直接投资额	0.9171	8.47
	快递业务量	0.7576	24.79
创新驱动	R&D 经费支出与 GDP 之比	0.9589	4.20
	基础研究经费占研发支出比重	0.9506	5.05
	技术市场成交额	0.8089	19.54
网络经济	移动电话普及率	0.9777	2.28
	互联网宽带接入用户数	0.9288	7.28
转型升级	高技术产业产值占 GDP 比值	0.9281	7.35
	单位 GDP 能耗降低率	0.9944	0.57

本研究进一步采用熵权法确定新旧动能转换各分类指数中各指标的权重，具体结果如表 5-3 所示。可以看出，知识能力指数中就业人员中研究生及以上学历占比和每万名就业人员 R&D 人员折合全时当量两个指标的权重分别为 64.38% 和 35.62%；经济活力指数中实际使用外商直接投资额和快递业务量两个指标的权重分别为 25.47% 和 74.53%；创新驱动指数中 R&D 经费支出与 GDP 之比、基础研究经费占研发支出比重和技术市场成交额三个指标的权重分别为 14.59%、17.54% 和 67.87%；网络经济指数中移动电话普及率和互联网宽带接入用户数两个指标的权重分别为 23.83% 和 76.17%；转型升级指数中高技术产业产值占 GDP 比值和单位 GDP 能耗降低率两个指标的权重分别为 92.80% 和 7.20%。

表 5-3 新旧动能转换分类指数各指标熵权法权重

分类指数	指标名称	信息熵值 e	权重系数 w/%
知识能力指数	就业人员中研究生及以上学历占比	0.8711	64.38
	每万名就业人员 R&D 人员折合全时当量	0.9287	35.62
经济活力指数	实际使用外商直接投资额	0.9171	25.47
	快递业务量	0.7576	74.53
创新驱动指数	R&D 经费支出与 GDP 之比	0.9589	14.59
	基础研究经费占研发支出比重	0.9506	17.54
	技术市场成交额	0.8089	67.87
网络经济指数	移动电话普及率	0.9777	23.83
	互联网宽带接入用户数	0.9288	76.17
转型升级指数	高技术产业产值占 GDP 比值	0.9281	92.80
	单位 GDP 能耗降低率	0.9944	7.20

5.2 我国新旧动能转换综合评价

基于前文构建的中国省级新旧动能转换评价指标体系，本研究首先对 2006—2020 年我国各省份新旧动能转换综合指数进行测度，然后对新旧动能转换各分类指数（知识能力指数、经济活力指数、创新驱动指数、网络经济指数、转型升级指数）进行测度。

5.2.1 新旧动能转换综合指数

2006—2020 年我国各省份新旧动能转换综合指数具体测度结果如表 5-4 所示。从时间变动趋势看，2006—2020 年各省份新旧动能转换综合指数整体呈稳步上升趋势，表明各省份新旧动能转换进程正稳步推进。东部地区11个省份新旧动能转换综合指数的均值由2006年的10.00上升到2020年的31.67，中部地区的均值由2006年的2.89上升到2020年的15.87，西部地区的均值由2006年的2.49上升到2020年的10.55。从地区分布来看，各省份新旧动能转换综合指数呈现由东向西逐步下降的空间特征。东部地区中北京、广东、上海、江苏、浙江等省份的新旧动能转换综合指数较高，处于领先地位；而位于西部地区的青海、宁夏、内蒙古、贵州等省份的新旧动能转换综合指数较低，处于排名末尾，新旧动能转换动力不足。随着我国新旧动能转换进程的不断推进，各省份新旧动能转换综合指数仍有较大的提升空间。同时，要特别注重加快落后地区的新旧动能转换进程。

5.2.2 新旧动能转换分类指数

1. 知识能力指数

本研究运用熵权法对2006—2020年我国各省份知识能力指数进行测度，具体测度结果如表5-5所示。总体来看，2006—2020年我国各省份知识能力指数呈现上升趋势。从地区层面看，2006—2020年，我国各区域的知识能力指数存在显著差异。东部地区知识能力指数的平均值最高，为18.72，而中部和西部地区知识能力指数的平均值分别为5.77和4.54，远低于东部地区。从省域层面看，2006—2020年知识能力指数均值最高的3个省份分别为北京、上海和天津，均在20以上；知识能力指数均值最低的3个省份分别为贵州、云南和海南，均低于3。整体而言，在新旧动能转换进程中，我国东、中、西部地区知识能力水平差距显著，要进一步推动中西部地区的知识能力建设，不断提高高学历、高技能人口比例，加速知识能力的集聚。

表 5-4　2006—2020 年我国各省份（地区）新旧动能转换综合指数

省份（地区）	2006年	2007年	2008年	2009年	2010年	2011年	2012年	2013年	2014年	2015年	2016年	2017年	2018年	2019年	2020年	平均值
东部	**10.00**	**10.27**	**11.15**	**12.23**	**13.72**	**15.05**	**16.80**	**17.91**	**18.67**	**20.05**	**21.56**	**23.31**	**25.13**	**27.99**	**31.67**	**18.37**
北京	22.59	22.87	23.10	24.99	28.67	32.35	35.16	37.32	40.02	39.75	42.72	48.08	49.48	54.92	58.72	37.38
广东	13.36	14.08	16.10	16.97	18.77	20.21	22.60	25.30	26.87	30.80	33.63	38.05	44.03	51.87	61.96	28.97
上海	16.52	15.92	17.67	19.43	20.55	20.38	21.84	22.75	23.38	27.22	28.33	29.01	31.79	33.97	35.99	24.32
江苏	11.83	13.29	15.37	17.16	19.31	21.26	23.83	24.87	24.43	26.54	28.25	29.87	31.80	35.70	40.28	24.25
浙江	8.12	8.69	8.91	9.66	11.00	12.12	13.85	15.31	17.30	20.94	24.61	28.01	32.36	37.17	45.17	19.55
天津	13.26	12.24	12.21	12.49	13.84	15.31	18.15	19.71	20.57	23.37	20.40	19.30	17.70	19.42	21.41	17.29
山东	5.87	6.70	7.37	8.16	9.43	11.07	12.70	14.19	14.96	16.87	18.78	18.17	22.13	22.81	28.29	14.50
辽宁	5.71	6.73	7.88	9.48	11.64	12.68	14.41	15.15	15.14	10.42	10.11	11.70	12.15	12.76	13.43	11.29
福建	5.41	5.43	6.55	6.84	7.82	8.85	9.41	10.25	10.67	11.53	12.46	13.79	14.26	16.01	16.79	10.41
河北	2.54	2.45	3.73	4.59	4.95	5.81	6.80	7.47	7.75	8.81	10.35	11.64	13.59	15.57	18.28	8.29
海南	4.82	4.61	3.72	4.80	4.92	5.55	6.05	4.68	4.31	4.27	7.51	8.79	7.09	7.66	8.01	5.79
中部	**2.89**	**3.93**	**3.62**	**4.97**	**5.40**	**6.32**	**7.41**	**8.33**	**8.89**	**10.10**	**11.00**	**11.88**	**13.07**	**14.25**	**15.87**	**8.53**

续表

省份（地区）	2006年	2007年	2008年	2009年	2010年	2011年	2012年	2013年	2014年	2015年	2016年	2017年	2018年	2019年	2020年	平均值
湖北	4.49	4.07	4.66	5.89	6.58	7.60	8.71	10.31	11.31	13.23	14.72	15.91	17.57	19.93	20.83	11.05
河南	2.10	9.12	3.36	4.41	5.35	7.19	8.82	10.15	10.88	12.60	13.99	15.18	16.19	18.35	20.93	10.58
安徽	2.35	2.97	3.33	4.86	5.74	7.09	7.97	9.09	10.17	11.56	12.80	14.02	15.61	17.21	20.37	9.68
湖南	2.58	2.90	3.59	5.08	5.27	6.23	7.45	8.43	9.05	9.99	11.01	12.55	14.40	16.68	19.54	8.98
江西	2.89	3.23	3.40	4.44	5.00	5.62	6.32	7.20	7.55	9.10	9.91	11.06	12.82	14.22	15.90	7.91
吉林	3.19	3.08	3.60	5.90	5.91	6.76	7.58	8.08	8.49	8.47	9.30	9.01	9.11	9.73	10.88	7.27
黑龙江	3.51	3.67	3.97	5.61	5.55	5.95	7.18	7.49	7.36	8.48	8.77	9.62	10.37	9.41	9.26	7.08
山西	2.05	2.39	3.06	3.59	3.78	4.18	5.23	5.91	6.28	7.38	7.47	7.67	8.53	8.51	9.29	5.69
西部	**2.49**	**2.55**	**3.08**	**4.31**	**4.68**	**5.36**	**5.89**	**6.54**	**6.83**	**7.48**	**8.07**	**8.53**	**9.38**	**10.21**	**10.55**	**6.40**
四川	3.58	3.99	4.87	6.27	7.23	8.93	10.02	11.16	11.57	12.55	13.41	14.79	18.30	20.64	21.97	11.29
陕西	5.07	4.72	5.21	6.20	6.58	7.63	8.67	10.01	11.20	11.56	12.68	13.42	15.00	17.37	19.22	10.30
重庆	2.45	2.45	3.51	4.75	5.73	7.30	7.51	8.74	9.29	10.04	10.85	11.11	12.79	12.85	13.04	8.16
甘肃	3.18	3.22	3.55	4.84	4.58	4.75	5.23	5.59	5.87	6.58	6.91	7.20	7.91	8.89	8.53	5.79

续表

省份（地区）	2006年	2007年	2008年	2009年	2010年	2011年	2012年	2013年	2014年	2015年	2016年	2017年	2018年	2019年	2020年	平均值
广西	1.28	1.32	1.83	3.05	3.64	4.17	4.89	5.08	5.78	7.11	7.44	7.97	8.45	8.84	8.93	5.32
云南	1.81	1.92	2.68	3.81	4.26	4.51	5.10	5.40	5.27	6.39	6.28	6.71	7.53	7.89	8.63	5.21
贵州	2.00	2.01	2.11	3.56	3.55	4.04	4.20	4.92	4.96	5.71	5.80	6.75	7.10	7.90	7.83	4.83
内蒙古	2.06	1.91	2.67	3.66	3.86	4.35	5.29	5.88	5.30	5.06	5.66	5.70	5.70	5.88	6.00	4.60
宁夏	1.51	1.56	1.84	3.58	3.58	4.10	3.60	3.93	4.24	4.75	5.60	6.43	6.06	6.57	6.39	4.25
青海	1.98	2.35	2.54	3.37	3.83	3.84	4.34	4.66	4.86	5.08	6.05	5.23	4.99	5.24	4.95	4.22

表 5-5　2006—2020 年我国各省份（地区）知识能力指数

省份（地区）	2006年	2007年	2008年	2009年	2010年	2011年	2012年	2013年	2014年	2015年	2016年	2017年	2018年	2019年	2020年	平均值
东部	**10.26**	**10.73**	**11.09**	**12.25**	**14.78**	**16.49**	**17.64**	**18.66**	**19.64**	**21.65**	**22.13**	**22.63**	**24.35**	**28.51**	**29.94**	**18.72**
北京	45.66	47.15	44.99	46.69	56.77	69.43	70.86	72.63	77.51	65.47	70.14	73.63	78.41	93.22	100.00	67.50
上海	23.81	22.87	22.49	29.03	32.23	29.18	30.57	32.70	31.53	46.50	47.03	47.38	50.86	56.25	59.92	37.49
天津	11.84	12.96	14.48	13.02	17.10	19.40	21.94	23.11	25.47	32.83	30.95	29.53	30.40	35.28	37.03	23.69

续表

省份（地区）	2006年	2007年	2008年	2009年	2010年	2011年	2012年	2013年	2014年	2015年	2016年	2017年	2018年	2019年	2020年	平均值
浙江	8.09	8.30	7.42	8.29	10.99	12.52	14.30	15.25	16.03	18.90	20.00	20.43	22.06	27.30	28.40	15.88
江苏	5.70	5.16	6.40	9.70	11.47	12.79	13.77	16.36	17.25	20.01	20.96	20.87	22.16	25.46	26.47	15.64
广东	5.35	6.62	7.37	8.29	9.80	10.39	11.90	12.93	12.56	13.92	13.26	14.05	17.66	21.41	21.96	12.50
福建	2.68	3.74	4.84	4.47	6.20	8.82	8.81	9.79	11.03	10.89	11.54	12.08	13.22	15.25	15.50	9.26
辽宁	5.69	6.23	5.69	5.78	7.44	6.31	6.54	6.61	7.91	9.67	9.50	10.50	11.05	12.64	12.62	8.28
山东	2.10	2.72	4.08	4.25	5.51	7.13	7.98	9.02	9.31	9.93	10.35	10.74	11.73	12.20	13.88	8.06
河北	1.41	1.84	2.63	3.43	2.64	3.46	4.00	4.15	4.39	6.36	6.65	6.47	6.95	8.75	8.58	4.78
海南	0.57	0.43	1.56	1.79	2.41	1.96	3.40	2.66	3.04	3.64	3.03	3.22	3.37	5.86	5.01	2.80
中部	**3.00**	**2.78**	**2.76**	**3.40**	**4.13**	**4.55**	**5.10**	**5.41**	**5.81**	**6.77**	**7.36**	**7.52**	**7.86**	**9.46**	**10.70**	**5.77**
湖北	5.64	3.44	3.66	3.98	5.74	7.00	7.02	7.50	8.68	9.92	11.28	12.13	12.20	14.87	15.56	8.57
吉林	3.87	4.01	3.90	5.19	5.56	6.31	6.50	7.00	6.48	6.68	7.68	7.50	7.19	8.83	10.23	6.46
湖南	2.03	2.03	2.28	3.50	3.26	4.18	5.88	4.68	5.83	6.24	7.20	8.07	8.52	9.87	11.42	5.67
山西	3.97	3.56	3.69	3.97	4.35	3.87	4.40	4.35	4.94	7.86	6.90	7.85	7.57	8.10	9.53	5.66

续表

省份（地区）	2006年	2007年	2008年	2009年	2010年	2011年	2012年	2013年	2014年	2015年	2016年	2017年	2018年	2019年	2020年	平均值
黑龙江	3.50	3.65	3.63	4.16	5.19	4.48	5.04	5.23	5.33	6.79	8.32	7.13	6.34	7.32	7.62	5.58
安徽	0.94	0.94	1.72	2.13	3.08	4.09	4.93	5.26	6.13	6.08	6.74	6.67	7.52	9.16	11.96	5.16
河南	1.22	1.35	1.49	2.05	3.24	3.68	4.32	5.21	5.53	6.05	6.27	6.04	6.53	8.55	9.04	4.70
江西	2.85	3.25	1.75	2.22	2.61	2.77	2.68	4.04	3.54	4.56	4.48	4.78	7.02	8.98	10.20	4.38
西部	**1.73**	**1.95**	**2.28**	**2.41**	**3.33**	**3.97**	**4.29**	**4.65**	**5.03**	**5.39**	**5.70**	**5.82**	**6.14**	**7.82**	**7.55**	**4.54**
陕西	4.75	4.73	6.66	5.36	6.68	8.26	9.43	10.46	12.75	10.31	10.23	10.11	10.63	12.58	13.46	9.09
重庆	2.44	2.57	2.94	3.06	4.91	5.55	6.05	7.26	7.92	10.00	9.95	11.40	11.84	13.93	12.89	7.51
宁夏	1.89	2.38	2.44	3.00	3.51	5.04	3.73	3.45	4.33	5.61	6.57	6.31	7.63	9.35	9.02	4.95
四川	1.65	2.27	2.61	2.97	3.30	3.19	4.19	4.94	4.18	5.36	5.43	6.01	6.20	9.83	9.39	4.77
内蒙古	1.82	1.80	2.07	2.40	3.47	3.97	4.76	5.41	5.78	5.37	6.69	6.27	5.55	6.87	7.09	4.62
甘肃	1.44	1.80	2.15	2.32	2.91	3.69	3.91	4.36	3.87	4.87	4.58	4.04	4.44	6.41	5.52	3.75
广西	0.72	0.80	1.06	1.25	2.41	2.58	3.33	2.96	3.17	4.12	4.49	4.17	4.29	5.18	4.40	3.00

续表

省份（地区）	2006年	2007年	2008年	2009年	2010年	2011年	2012年	2013年	2014年	2015年	2016年	2017年	2018年	2019年	2020年	平均值
青海	1.41	1.94	1.54	2.25	3.06	3.69	3.01	3.15	4.05	2.30	2.62	3.05	2.96	4.44	3.89	2.89
云南	0.83	0.68	0.66	0.84	1.61	1.73	2.43	2.79	2.35	3.69	3.90	4.23	4.68	5.25	5.42	2.74
贵州	0.32	0.50	0.70	0.64	1.46	2.02	2.03	1.69	1.87	2.24	2.54	2.57	3.17	4.35	4.38	2.03

2. 经济活力指数

本研究运用熵权法对2006—2020年我国各省份经济活力指数进行测度，具体测度结果如表5-6所示。从地区层面来看，2006—2020年我国各区域经济活力整体呈现上升趋势，而且东部地区经济活力高于中西部地区。具体而言，东部地区经济活力指数从2006年的5.14上升到2020年的29.75，中部地区经济活力指数从2006年的1.27上升到2020年的12.44，西部地区经济活力指数从2006年的0.44上升到2020年的3.80。从省域层面来看，广东、江苏和浙江的经济活力指数处于领先地位，平均值在20以上，而青海、宁夏、甘肃和贵州的经济活力指数平均值不足1，处于排名末尾。

3. 创新驱动指数

运用熵权法对2006—2020年我国各省份创新驱动指数进行测度的结果如表5-7所示。可以看出，各地区创新驱动指数的差距较为显著，尤其是东部地区和中西部地区之间，东部地区创新驱动指数的平均值为14.37，而中部和西部地区创新驱动指数的平均值分别为7.16和7.61，表明中西部地区创新水平的大幅度提高还有很长的路要走。因此，把科技创新作为发展的战略支撑，围绕打造中西部创新高地这个战略目标，抓住宝贵的时间窗口，深入实施人才强省和创新驱动发展战略是重中之重。

4. 网络经济指数

采用熵权法测度的2006—2020年我国各省份网络经济指数如表5-8所示。可以看出，首先，2006—2020年，东部地区网络经济指数的平均值为32.17，且各省份网络经济发展的平均水平存在较大的差距，东部网络经济指数平均值位列全国第一的广东与排名最后的海南，两者相差43.85。中部地区网络经济指数的平均值为21.87，网络经济

表 5-6 2006—2020 年我国各省份（地区）经济活力指数

省份（地区）	2006年	2007年	2008年	2009年	2010年	2011年	2012年	2013年	2014年	2015年	2016年	2017年	2018年	2019年	2020年	平均值
东部	**5.14**	**6.45**	**7.39**	**7.85**	**8.93**	**10.36**	**12.02**	**13.46**	**14.83**	**15.43**	**17.13**	**20.36**	**21.83**	**24.19**	**29.75**	**14.34**
广东	10.47	12.97	14.75	15.33	16.42	18.08	21.29	24.88	30.46	36.06	42.52	50.52	59.36	72.44	91.26	34.45
江苏	12.48	15.91	18.29	18.62	21.10	24.18	27.62	27.01	25.07	25.02	27.06	30.04	33.04	37.98	43.76	25.81
浙江	6.38	7.66	7.50	7.57	8.67	9.98	12.07	14.87	19.54	25.01	32.73	39.52	47.40	54.42	71.81	24.34
上海	5.13	6.46	8.17	8.66	8.74	10.35	12.83	15.16	17.27	18.91	21.97	22.62	24.09	24.14	25.76	15.35
山东	7.17	8.02	6.05	5.95	6.92	8.57	9.63	11.06	12.33	14.09	16.05	17.83	21.99	20.21	26.58	12.83
北京	3.31	3.92	4.78	4.86	5.14	6.16	7.35	8.83	10.18	14.03	15.89	25.00	19.78	17.84	18.08	11.01
辽宁	4.29	6.57	8.67	11.11	14.93	17.49	19.34	21.07	20.09	4.52	3.48	5.53	5.69	5.05	5.57	10.23
天津	2.95	3.82	5.37	6.51	7.85	9.47	10.91	12.28	13.85	15.91	8.57	9.25	5.39	5.72	6.50	8.29
福建	2.32	3.04	4.22	4.32	4.47	4.94	5.37	6.26	7.27	8.46	10.19	11.71	10.31	12.12	15.16	7.34
河北	1.46	1.82	2.56	2.71	2.88	3.62	4.55	5.29	5.68	6.25	8.28	10.07	12.34	14.79	20.22	6.84
海南	0.53	0.81	0.92	0.68	1.10	1.11	1.20	1.36	1.42	1.52	1.68	1.84	0.77	1.35	2.53	1.25
中部	**1.27**	**4.25**	**2.11**	**2.30**	**2.80**	**3.76**	**4.57**	**5.45**	**6.31**	**7.21**	**8.29**	**8.89**	**10.13**	**10.89**	**12.44**	**6.05**

续表

省份（地区）	2006年	2007年	2008年	2009年	2010年	2011年	2012年	2013年	2014年	2015年	2016年	2017年	2018年	2019年	2020年	平均值
河南	1.35	21.90	2.98	3.55	4.64	7.46	9.05	10.24	11.62	13.19	14.93	15.89	17.90	20.46	24.75	11.99
安徽	1.01	2.19	2.55	2.84	3.69	4.94	6.48	8.07	9.59	11.04	12.84	14.23	15.90	17.99	20.47	8.92
湖南	1.87	2.39	2.92	3.36	3.83	4.59	5.52	6.72	8.07	9.31	10.79	12.30	14.19	16.37	19.92	8.14
湖北	1.77	2.06	2.42	2.73	3.06	3.59	4.42	5.64	6.76	8.09	9.82	11.24	13.07	14.88	13.39	6.86
江西	2.01	2.26	2.62	2.94	3.71	4.44	5.04	5.70	6.55	7.54	8.73	9.64	11.04	12.29	14.18	6.58
黑龙江	1.23	1.54	1.88	1.75	1.97	2.41	2.90	3.46	3.86	4.30	4.87	4.94	5.20	1.57	1.92	2.92
山西	0.34	0.99	0.77	0.39	0.55	1.54	1.87	2.29	2.41	2.43	2.29	2.02	2.70	2.19	3.01	1.72
吉林	0.56	0.67	0.75	0.86	0.97	1.14	1.30	1.44	1.62	1.81	2.08	0.85	1.07	1.41	1.91	1.23
西部	**0.44**	**0.59**	**0.90**	**1.06**	**1.30**	**1.91**	**1.87**	**2.15**	**2.27**	**2.38**	**2.34**	**2.52**	**3.05**	**3.29**	**3.80**	**1.99**
四川	0.90	1.17	2.33	2.70	4.48	7.09	7.41	8.14	8.60	8.76	8.38	9.51	11.31	12.62	14.42	7.19
陕西	0.67	0.90	1.04	1.14	1.38	1.81	2.26	2.94	3.43	3.97	4.81	5.74	6.79	7.96	9.11	3.60
重庆	0.50	0.77	1.80	2.48	2.26	4.28	2.69	3.30	3.48	3.37	2.94	2.71	3.86	3.55	3.96	2.80
内蒙古	1.41	1.72	2.06	2.30	2.58	2.94	3.05	3.54	3.11	2.58	3.11	2.61	2.76	1.94	1.95	2.51

续表

省份（地区）	2006年	2007年	2008年	2009年	2010年	2011年	2012年	2013年	2014年	2015年	2016年	2017年	2018年	2019年	2020年	平均值
云南	0.23	0.33	0.61	0.71	1.01	1.34	1.68	2.02	2.21	2.50	1.20	1.45	1.89	1.97	2.66	1.45
广西	0.34	0.53	0.74	0.79	0.72	0.84	0.68	0.72	1.01	1.64	1.40	1.65	1.98	2.69	3.56	1.29
贵州	0.08	0.11	0.13	0.12	0.24	0.41	0.41	0.50	0.48	0.53	0.97	0.85	1.14	1.31	1.26	0.57
甘肃	0.02	0.10	0.11	0.11	0.13	0.08	0.09	0.11	0.16	0.19	0.28	0.27	0.33	0.40	0.52	0.19
宁夏	0.02	0.04	0.05	0.06	0.07	0.16	0.25	0.13	0.11	0.20	0.29	0.34	0.38	0.34	0.44	0.19
青海	0.19	0.22	0.16	0.15	0.16	0.12	0.15	0.08	0.05	0.06	0.04	0.06	0.06	0.11	0.09	0.11

表 5-7　2006—2020 年我国各省份（地区）创新驱动指数

省份（地区）	2006年	2007年	2008年	2009年	2010年	2011年	2012年	2013年	2014年	2015年	2016年	2017年	2018年	2019年	2020年	平均值
东部	**6.87**	**7.04**	**7.20**	**9.23**	**9.97**	**11.08**	**12.67**	**13.22**	**13.61**	**14.85**	**17.08**	**18.78**	**20.71**	**24.36**	**28.87**	**14.37**
北京	23.05	24.49	25.68	31.68	36.75	39.92	45.77	49.89	53.36	57.59	62.84	68.51	74.51	84.57	91.64	51.35
上海	10.60	10.56	12.60	14.64	14.39	15.55	16.67	17.08	17.90	19.48	20.33	21.16	25.94	29.25	30.82	18.46
广东	3.63	4.13	5.11	6.32	7.31	8.74	9.98	11.91	10.94	13.95	15.84	18.21	22.92	32.71	45.30	14.47

续表

省份（地区）	2006年	2007年	2008年	2009年	2010年	2011年	2012年	2013年	2014年	2015年	2016年	2017年	2018年	2019年	2020年	平均值
天津	5.41	5.69	6.45	8.50	8.94	9.96	13.56	14.93	15.85	18.19	19.60	18.23	18.22	20.01	23.31	13.79
江苏	4.18	4.45	5.13	6.88	8.50	9.40	10.87	12.69	12.87	13.05	13.91	15.71	17.98	23.45	30.36	12.63
海南	13.34	12.54	7.40	10.68	9.07	11.79	10.72	6.32	4.72	3.86	14.85	18.31	12.64	11.88	12.58	10.71
山东	2.58	3.13	3.78	4.99	5.72	6.46	7.79	8.50	9.23	10.01	11.30	12.81	15.76	18.56	27.03	9.84
辽宁	4.47	4.75	4.46	5.88	5.99	6.86	9.25	8.80	9.54	10.78	10.89	12.35	12.62	13.88	15.08	9.04
浙江	3.32	3.57	3.99	5.10	5.60	5.89	6.65	6.80	7.11	7.48	8.83	10.02	13.23	16.91	23.15	8.51
河北	2.66	1.85	2.17	3.18	3.42	3.49	3.90	4.15	3.78	4.09	4.47	5.22	7.55	8.87	10.95	4.65
福建	2.34	2.29	2.48	3.71	3.98	3.85	4.18	4.38	4.45	4.93	5.03	6.04	6.50	7.90	7.34	4.63
中部	**2.70**	**2.93**	**2.82**	**5.81**	**5.25**	**5.70**	**6.54**	**6.93**	**7.12**	**7.74**	**8.10**	**9.48**	**10.60**	**12.04**	**13.59**	**7.16**
湖北	4.22	3.97	4.05	6.57	6.54	7.16	8.62	10.68	12.04	14.65	15.87	17.27	19.13	22.37	25.39	11.90
黑龙江	4.57	4.89	4.21	8.99	7.31	8.12	10.45	9.36	8.29	10.49	9.78	12.80	14.12	14.59	12.94	9.39
吉林	2.83	2.64	2.30	8.01	6.40	7.49	9.02	8.46	9.33	8.09	9.21	12.13	13.66	15.37	17.17	8.81
安徽	3.61	4.28	3.73	7.26	7.36	8.20	7.73	8.50	8.67	9.00	9.33	10.38	11.14	12.11	15.87	8.48
湖南	2.07	2.46	2.65	5.61	4.75	4.60	4.96	5.48	5.65	5.88	5.77	7.23	8.73	11.66	14.62	6.14

续表

省份（地区）	2006年	2007年	2008年	2009年	2010年	2011年	2012年	2013年	2014年	2015年	2016年	2017年	2018年	2019年	2020年	平均值
山西	1.42	2.04	2.50	3.85	3.43	3.47	4.30	5.31	5.31	5.78	6.34	6.11	6.78	6.43	5.87	4.60
江西	1.49	1.64	1.74	3.51	3.49	3.37	3.47	3.78	3.92	4.24	4.26	5.49	5.95	7.01	8.12	4.10
河南	1.39	1.54	1.41	2.68	2.74	3.18	3.81	3.86	3.72	3.77	4.23	4.38	5.32	6.81	8.73	3.84
西部	**3.63**	**3.71**	**3.75**	**6.84**	**6.53**	**6.78**	**7.31**	**7.68**	**8.06**	**8.68**	**9.21**	**9.56**	**10.28**	**11.01**	**11.14**	**7.61**
陕西	7.27	6.27	5.26	8.61	8.28	9.44	10.78	13.07	14.35	15.25	16.32	17.49	19.93	24.09	27.67	13.61
甘肃	8.39	7.76	8.24	11.70	10.08	10.43	10.78	10.87	11.82	12.71	12.99	12.80	13.60	14.24	13.27	11.31
四川	4.52	4.41	4.48	7.12	7.02	7.53	8.21	8.60	10.39	9.79	9.85	11.10	17.34	20.27	21.18	10.12
青海	3.93	5.36	4.88	6.66	7.00	6.51	7.44	8.33	8.39	10.04	12.35	9.67	8.17	7.62	6.97	7.55
云南	3.33	3.77	4.99	8.10	8.22	7.88	8.29	7.31	7.11	8.68	8.75	8.32	8.56	8.24	8.74	7.35
贵州	2.70	2.88	2.91	6.48	5.27	5.75	6.31	7.63	7.31	8.32	6.97	7.88	8.03	9.49	9.51	6.50
重庆	2.49	2.62	3.20	5.89	7.03	7.21	6.43	5.88	6.36	5.78	7.41	6.76	8.88	8.18	8.21	6.16
宁夏	1.59	1.98	1.51	6.60	6.01	6.42	5.37	6.51	6.24	5.94	6.73	9.37	6.17	7.21	6.38	5.60
广西	0.83	0.90	0.90	4.14	4.36	4.43	5.18	4.51	5.57	7.11	7.44	8.79	8.76	7.31	6.20	5.10
内蒙古	1.22	1.11	1.12	3.12	2.07	2.20	4.27	4.06	3.03	3.20	3.28	3.39	3.32	3.48	3.25	2.81

表 5-8　2006—2020 年我国各省份（地区）网络经济指数

省份（地区）	2006年	2007年	2008年	2009年	2010年	2011年	2012年	2013年	2014年	2015年	2016年	2017年	2018年	2019年	2020年	平均值
东部	**11.05**	**9.18**	**16.55**	**19.75**	**22.96**	**25.86**	**29.41**	**31.31**	**32.83**	**37.71**	**41.05**	**45.60**	**50.42**	**53.64**	**55.18**	**32.17**
广东	18.67	17.80	28.81	32.88	39.15	44.41	51.55	57.65	59.62	68.82	70.32	79.77	88.77	92.13	91.17	56.10
江苏	10.90	12.58	19.34	25.68	29.15	32.67	37.48	39.79	41.78	57.78	64.74	73.96	80.38	85.55	87.69	46.63
浙江	15.03	15.96	22.41	26.03	28.41	32.46	36.70	39.90	41.25	53.33	57.99	64.64	69.77	72.83	73.78	43.37
山东	8.37	9.29	17.13	20.80	26.05	30.91	35.62	38.53	40.07	49.55	57.68	62.43	69.02	75.19	80.33	41.40
河北	6.01	4.98	12.15	15.83	19.69	23.98	27.42	29.52	31.74	35.23	42.71	49.30	55.22	59.29	63.01	31.74
福建	7.71	6.79	12.85	15.36	18.71	23.06	27.35	29.96	30.99	33.29	35.14	39.96	45.74	49.12	49.51	28.37
北京	17.48	11.81	19.07	21.59	24.32	25.89	28.58	29.06	33.09	32.25	31.44	32.04	35.72	36.76	36.82	27.73
上海	19.21	8.33	19.51	22.13	24.30	23.21	26.07	26.06	26.90	26.81	28.23	29.92	34.01	37.84	39.33	26.12
辽宁	7.73	7.14	14.00	17.13	20.36	22.90	25.30	26.54	27.28	28.30	30.91	33.65	35.58	37.47	39.75	24.94
天津	7.79	3.74	11.42	12.73	13.58	14.70	15.41	14.03	14.33	15.06	16.72	18.54	21.04	23.18	25.30	15.17
海南	2.67	2.51	5.34	7.06	8.84	10.23	12.01	13.31	14.10	14.37	15.71	17.35	19.32	20.73	20.27	12.25
中部	**4.73**	**4.48**	**8.23**	**10.56**	**12.94**	**15.60**	**18.40**	**20.20**	**21.73**	**25.27**	**27.95**	**32.39**	**38.28**	**41.67**	**45.55**	**21.87**

续表

省份（地区）	2006年	2007年	2008年	2009年	2010年	2011年	2012年	2013年	2014年	2015年	2016年	2017年	2018年	2019年	2020年	平均值
河南	5.04	5.41	10.68	13.88	17.14	20.92	24.77	28.19	30.61	38.18	44.08	52.07	60.50	66.33	72.53	32.69
湖北	5.71	6.10	9.81	12.78	15.42	18.94	22.79	24.47	25.98	28.59	31.18	34.03	39.97	44.69	48.19	24.58
湖南	4.88	4.93	7.38	9.70	12.48	15.44	18.83	21.24	22.32	25.45	29.05	35.22	42.64	47.95	53.33	23.39
安徽	3.15	3.30	5.71	8.12	11.14	14.13	16.37	17.83	18.66	25.37	28.80	34.75	42.66	47.20	52.61	21.99
山西	4.51	4.04	9.23	11.47	13.86	15.64	18.51	19.99	21.74	24.36	25.21	28.63	32.01	34.72	38.30	20.15
江西	3.20	3.61	5.78	7.72	8.77	11.43	13.29	14.67	15.50	21.15	23.61	27.87	35.93	38.67	40.55	18.12
黑龙江	5.78	4.91	8.78	10.30	11.97	14.18	16.17	17.87	19.89	20.20	21.73	24.27	27.81	28.97	31.85	17.65
吉林	5.62	3.55	8.45	10.50	12.73	14.11	16.45	17.30	19.15	18.90	19.94	22.27	24.70	24.85	27.09	16.37
西部	**3.66**	**2.59**	**6.29**	**8.36**	**10.57**	**12.93**	**15.23**	**16.64**	**17.78**	**20.07**	**22.82**	**26.83**	**31.91**	**34.18**	**36.03**	**17.73**
四川	5.28	5.67	9.29	11.84	15.36	19.45	23.61	25.08	26.51	37.36	46.47	53.26	64.38	68.59	71.31	32.23
陕西	4.35	3.55	8.54	10.99	13.30	15.99	18.61	20.73	21.93	24.43	27.45	30.76	35.29	37.83	40.71	20.96
广西	4.02	3.15	6.47	8.64	10.90	13.81	16.58	17.63	19.94	22.40	24.26	29.32	36.17	40.55	44.95	19.92
重庆	5.05	2.91	7.48	9.08	11.27	12.95	15.42	17.65	19.23	22.28	24.78	29.57	35.06	36.91	37.61	19.15

续表

省份（地区）	2006年	2007年	2008年	2009年	2010年	2011年	2012年	2013年	2014年	2015年	2016年	2017年	2018年	2019年	2020年	平均值
云南	3.49	2.84	5.89	7.44	9.29	11.70	14.05	15.95	17.29	19.41	22.23	26.05	31.23	34.40	37.43	17.25
内蒙古	4.51	1.91	8.05	10.38	13.29	15.38	17.44	18.30	18.59	18.15	19.61	23.03	26.71	27.56	28.97	16.79
贵州	1.61	1.13	2.32	5.67	7.60	10.20	12.05	14.22	15.42	17.05	18.93	22.49	27.32	30.79	32.19	14.60
甘肃	1.96	2.99	4.21	6.11	7.58	9.38	10.73	12.32	13.14	15.09	17.32	22.50	26.77	29.30	30.89	14.02
宁夏	3.52	1.25	5.90	7.27	8.52	10.33	11.88	12.53	13.76	12.87	14.70	16.97	19.69	19.34	19.45	11.86
青海	2.79	0.50	4.73	6.13	8.55	10.14	11.94	11.94	11.99	11.68	12.43	14.32	16.53	16.54	16.77	10.47

发展的平均水平位于中间，所有 8 个中部省份网络经济指数的平均值在 15~35 之间。西部地区网络经济发展的平均水平最低，贵州、甘肃、宁夏和青海网络经济指数的平均值都在 15 以下。因此，相对于东部省份，中西部省份在培育发展网络经济方面面临着较大的压力。其次，2006—2020 年，各地区、各省份的网络经济指数总体呈现增长趋势，网络经济发展水平总体向好，这表明我国推行消费新业态、新模式取得了显著效果，接下来要继续加快线上线下融合的步伐，不断扩大网络购物的规模，助推网络经济快速发展。

5. 转型升级指数

采用熵权法测度的 2006—2020 年我国各省份转型升级指数如表 5-9 所示。从地区层面来看，2006—2020 年各省份转型升级指数呈现由东向西逐渐降低的分布特点，中西部地区转型升级的平均水平与东部地区有一定差距。从省域层面来看，东部地区各省份的转型升级水平较高，其中，广东、江苏和天津转型升级指数的平均值都在 50 以上，但东部地区各省份的转型升级水平不均衡，位列第一的广东与排名最后的海南相差 61.70；中部地区各省份的转型升级水平处于中间位置，转型升级指数的平均值为 14.98；西部地区各省份的转型升级水平最低，其中，宁夏、青海、云南、内蒙古和甘肃转型升级指数的平均值都在 6 以下。这表明我国转型升级仍存在较大的地域差异，要继续深化推进供给侧结构性改革，逐步优化产业结构，积极推行促进产业优化发展的政策措施，不断塑造发展新动能、新优势。

表 5-9 2006—2020 年我国各省份（地区）转型升级指数

省份（地区）	2006年	2007年	2008年	2009年	2010年	2011年	2012年	2013年	2014年	2015年	2016年	2017年	2018年	2019年	2020年	平均值
东部	**39.89**	**38.22**	**34.89**	**32.47**	**33.56**	**32.46**	**34.53**	**35.54**	**33.61**	**32.85**	**31.45**	**27.03**	**26.45**	**24.79**	**25.96**	**32.25**
广东	75.12	69.73	68.96	65.78	68.93	67.07	66.68	68.62	67.09	67.66	69.28	69.51	70.46	65.26	67.55	68.51
江苏	53.82	56.37	58.66	57.42	59.42	60.27	64.57	64.10	61.32	61.11	60.28	50.62	43.15	36.94	40.19	55.22
天津	95.39	79.77	56.94	50.50	48.67	49.53	58.80	66.38	60.84	59.14	50.19	39.89	30.68	29.27	32.02	53.87
上海	63.86	66.35	61.34	54.03	57.86	53.89	50.74	45.52	43.61	40.94	35.89	35.73	33.51	30.11	31.84	47.01
北京	48.47	47.14	39.02	33.19	30.83	26.77	29.13	29.94	28.30	25.52	24.97	24.02	25.04	25.74	29.37	31.16
福建	33.84	29.61	27.93	24.64	26.92	26.37	25.25	25.77	22.16	23.83	24.02	23.49	23.74	23.87	21.88	25.55
山东	19.10	21.28	22.71	23.87	23.48	24.59	27.93	31.97	31.15	32.00	32.31	4.88	16.09	13.35	14.49	22.61
浙江	24.65	23.80	20.27	18.79	19.42	18.24	18.75	18.61	19.36	19.05	19.55	20.46	20.23	20.87	22.13	20.28
辽宁	13.82	15.41	15.24	16.05	18.66	17.69	19.71	21.77	18.76	14.28	11.60	11.82	12.18	11.55	10.73	15.28
河北	5.31	5.85	7.03	7.05	7.36	7.61	9.21	10.72	10.68	11.16	10.89	9.49	7.64	8.05	7.93	8.40
海南	5.40	5.08	5.67	5.84	7.62	5.06	9.10	7.54	6.46	6.69	6.94	7.45	8.26	7.72	7.38	6.81
中部	**7.93**	**8.51**	**9.52**	**10.46**	**11.00**	**12.75**	**15.15**	**18.78**	**18.60**	**21.11**	**21.83**	**19.68**	**17.47**	**15.70**	**16.16**	**14.98**

续表

省份（地区）	2006年	2007年	2008年	2009年	2010年	2011年	2012年	2013年	2014年	2015年	2016年	2017年	2018年	2019年	2020年	平均值
江西	11.40	12.60	14.08	15.94	17.54	19.07	23.05	25.05	25.67	30.46	32.91	33.26	32.40	32.50	36.46	24.16
吉林	10.81	11.79	13.68	15.65	17.58	19.98	20.75	26.17	26.57	29.88	31.33	19.80	12.40	8.28	7.79	18.16
河南	6.63	7.55	8.09	8.96	9.02	13.09	18.43	23.60	23.85	28.32	29.22	30.60	20.05	18.85	17.74	17.60
湖北	12.47	12.05	12.63	13.26	13.04	13.92	14.45	18.75	16.87	19.74	20.07	18.50	17.69	15.43	16.04	15.66
安徽	6.01	6.38	6.51	7.72	8.86	11.29	12.78	14.88	18.23	20.53	21.65	20.36	18.91	17.09	19.10	14.02
湖南	6.06	6.45	8.59	8.91	9.67	13.16	14.92	20.55	17.85	18.80	19.03	17.14	16.98	16.12	16.03	14.02
山西	3.55	4.59	5.67	5.57	4.95	4.77	8.85	10.35	10.88	12.22	13.46	11.28	13.51	11.96	12.43	8.94
黑龙江	6.50	6.68	6.92	7.66	7.36	6.73	7.98	10.85	8.86	8.95	6.97	6.49	7.82	5.34	3.68	7.25
西部	**7.56**	**8.05**	**7.99**	**8.79**	**8.56**	**9.19**	**10.45**	**13.52**	**13.04**	**14.75**	**16.28**	**14.97**	**13.90**	**13.54**	**13.76**	**11.62**
重庆	7.37	8.02	8.44	9.33	11.03	18.02	25.89	35.09	35.91	38.91	42.08	39.09	40.08	37.07	39.46	26.39
四川	14.40	16.76	17.45	20.00	19.84	23.88	26.23	32.42	29.44	27.12	28.19	26.70	26.80	25.70	29.51	24.30
陕西	17.22	16.56	14.75	15.05	13.91	13.84	13.99	14.48	15.46	17.66	20.94	18.50	18.36	20.08	19.84	16.71
贵州	12.38	11.75	10.92	12.43	11.74	10.85	8.56	10.69	10.65	13.21	14.43	19.26	14.48	11.31	8.87	12.10

续表

省份（地区）	2006年	2007年	2008年	2009年	2010年	2011年	2012年	2013年	2014年	2015年	2016年	2017年	2018年	2019年	2020年	平均值
广西	4.98	5.27	6.19	6.45	7.69	9.69	11.52	15.76	16.22	19.27	20.11	15.61	11.79	11.35	9.66	11.44
宁夏	4.01	4.73	4.16	4.41	3.71	2.25	0.85	1.43	2.57	7.45	10.32	8.82	8.99	7.79	8.83	5.35
青海	2.85	3.72	3.98	4.43	3.99	2.55	4.93	5.61	5.74	7.39	9.51	5.50	5.37	6.59	6.53	5.25
云南	3.46	4.03	4.33	4.55	4.31	4.08	3.94	6.63	4.39	5.63	5.58	6.01	6.15	6.33	6.86	5.09
内蒙古	5.51	5.91	5.84	6.52	5.33	5.77	5.10	8.59	5.40	5.62	5.46	4.61	1.74	2.40	2.35	5.08
甘肃	3.44	3.74	3.82	4.68	4.02	0.92	3.45	4.47	4.58	5.21	6.13	5.62	5.23	6.82	5.72	4.52

5.3 新旧动能转换对就业风险影响的实证模型

5.3.1 模型设定

为实证分析新旧动能转换对就业风险的影响，本研究利用省级面板数据构建面板回归模型，如下所示：

$$Y_{it} = \partial + \beta X_{it} + \gamma C_{it} + \varphi_i + \mu_{it}$$

其中，Y_{it} 表示就业风险指数，X_{it} 表示新旧动能转换指数，C_{it} 为影响就业风险的一组控制变量，φ_i 表示省份固定效应，μ_{it} 为随机扰动项。

5.3.2 变量描述

1. 被解释变量

本研究的被解释变量为就业风险，是根据上文构建的省级就业风险评价指标体系，采用熵权法测度得到的就业风险指数。就业风险指数的取值范围在 0~100 之间，数值越大，表示就业风险越高。

2. 核心解释变量

本研究的核心解释变量为上文测度的新旧动能转换指数，取值范围在 0~100 之间，数值越大，表示新旧动能转换能力越强。

3. 控制变量

本研究的控制变量包括地区人力资本、社会保障和就业支出、贸易开放程度。其中，地区人力资本由劳动者平均受教育年限衡量，社会保障和就业支出由地方财政社会保障和就业支出占 GDP 比重表示，贸易开放程度由进出口总额占 GDP 比重表示。

各变量的描述性统计结果如表 5-10 所示。

表 5-10 变量的描述性统计结果（N=435）

变量	均值	标准差	最小值	最大值
熵权法就业风险指数	31.51	6.92	16.30	56.77
新旧动能转换指数	11.53	9.76	1.28	61.96
地区人力资本	9.48	1.19	6.57	13.83
社会保障和就业支出	3.23	1.91	0.16	16.56
贸易开放程度	30.73	35.29	0.76	171.13

5.3.3 数据来源

考虑到相关数据的可得性，本研究采用 2006—2020 年除西藏、新疆和港澳台以外的 29 个省份的省级面板数据进行实证研究。本研究测度就业风险、新旧动能转换以及其他控制变量的数据来自国家统计局、《中国统计年鉴》、《中国劳动统计年鉴》、《中国第三产业统计年鉴》、《中国科技统计年鉴》、《中国高技术产业统计年鉴》、《中国商务年鉴》、《中国能源统计年鉴》以及各省份统计年鉴。对于个别年份的缺失数据，本研究采用插值法补齐。考虑到不同年份数据的可比性，本研究以 2006 年为基期对人均 GDP 和城镇单位就业人员平均工资数据进行了调整。

5.4 新旧动能转换对就业风险影响的实证回归结果

5.4.1 基本回归结果

表 5–11 所示为新旧动能转换对就业风险影响的基本回归结果。可以看出，新旧动能转换对熵权法就业风险的影响系数为 –0.2634，且在 1% 的水平上显著，说明新旧动能转换显著降低了就业风险。在控制变量中，地区人力资本对熵权法就业风险的影响系数为 –1.1182，且在 10% 的水平上显著，表明人力资本水平的提升有利于降低就业风险。社会保障和就业支出对熵权法就业风险的影响系数为 –0.5439，且在 10% 的水平上显著，表明政府社会保障和就业支出的增加对就业风险有降低作用。贸易开放程度对熵权法就业风险的影响不显著。

表 5–11　新旧动能转换对就业风险影响的基本回归结果

变量	熵权法就业风险	变量	熵权法就业风险
新旧动能转换	–0.2634*** （0.0588）	常数项	47.2427*** （5.3280）
地区人力资本	–1.1182* （0.5696）	省份固定效应	是
社会保障和就业支出	–0.5439* （0.2950）	R^2	0.3762
贸易开放程度	–0.0111 （0.0240）	观测值	435

注：括号内数值为聚类标准误，***、** 和 * 分别表示在 1%、5% 和 10% 的水平上显著。

5.4.2 稳健性检验

1. 解释变量滞后一期

为解决可能存在的由反向因果导致的内生性问题，本研究将核心解释变量和控制变量均滞后一期，对熵权法就业风险进行固定效应回归，回归结果如表 5-12 所示。从表中可以看出，核心解释变量新旧动能转换对熵权法就业风险的影响仍在 1% 的水平上显著为负，与表 5-11 的结论一致，表明新旧动能转换对就业风险的影响是稳健的。地区人力资本对熵权法就业风险的影响为负，且在 10% 的水平上显著，与表 5-11 的结论一致，即地区人力资本对就业风险的影响也是稳健的。

表 5-12 稳健性检验：解释变量滞后一期回归

变量	熵权法就业风险	变量	熵权法就业风险
新旧动能转换	-0.3843*** （0.0801）	常数项	45.6236*** （4.7054）
地区人力资本	-0.8320* （0.4819）	省份固定效应	是
社会保障和就业支出	-0.4483 （0.2668）	R^2	0.3848
贸易开放程度	-0.0270 （0.0256）	观测值	406

注：括号内数值为聚类标准误，***、** 和 * 分别表示在 1%、5% 和 10% 的水平上显著。

2. 替换变量

为得到更稳健的回归结果，本研究将等权重法就业风险和 AHP-熵权法就业风险作为熵权法就业风险的替换变量进行稳健性检验。具体回归结果如表 5–13 所示。

表 5–13 稳健性检验：以等权重法就业风险和 AHP– 熵权法就业风险作为替换变量

变量	等权重法就业风险	AHP– 熵权法就业风险
新旧动能转换	–0.1795** （0.0694）	–0.0915* （0.0532）
地区人力资本	–1.0758** （0.4600）	–0.8244* （0.4100）
社会保障和就业支出	–0.3071 （0.2402）	–0.1784 （0.1875）
贸易开放程度	–0.0010 （ 0.0179 ）	–0.0262 （0.0179）
常数项	64.2852*** （3.8585）	49.6514*** （3.6057）
省份固定效应	是	是
R^2	0.3854	0.1713
观测值	435	435

注：括号内数值为聚类标准误，***、** 和 * 分别表示在 1%、5% 和 10% 的水平上显著。

从表 5–13 可以看出，新旧动能转换对等权重法就业风险和 AHP–熵权法就业风险的影响系数分别为 –0.1795 和 –0.0915，且分别在 5% 和 10% 的水平上显著。即新旧动能转换对等权重法就业风险和 AHP–熵权法就业风险的影响也是显著负向的，这表明新旧动能转换对就业风险的负向影响是稳健的。在控制变量中，地区人力资本对等权重法就业风险的影响系数为 –1.0758，且在 5% 的水平上显著，地区人力资本对 AHP– 熵权法就业风险的影响系数为 –0.8244，且在 10% 的水平上显著，表明地区人力资本对就业风险的负向影响是稳健的。社会保障和就业支出以及贸易开放程度对等权重法就业风险和 AHP– 熵权法就业风险的影响均为负，但并不显著。

3. 分维度检验

为检验新旧动能转换各维度对就业风险的影响，本研究进一步进行分维度检验。分维度检验中核心解释变量分别为知识能力指数、经济活力指数、创新驱动指数、网络经济指数和转型升级指数，被解释变量为熵权法就业风险指数、等权重法就业风险指数和 AHP– 熵权法就业风险指数。

表 5–14 所示为知识能力对就业风险影响的面板固定效应回归结果。从表 5–14 可以看出，知识能力对等权重法就业风险的影响系数为 –0.2465，且在 1% 的水平上显著，表明知识能力的提升显著降低了就业风险水平。知识能力对熵权法就业风险和 AHP– 熵权法就业风险的影响系数也均为负，但都不显著。在控制变量中，地区人力资本对熵权法就业风险、等权重法就业风险和 AHP– 熵权法就业风险的影响系数均为负，且分别在 1%、5% 和 5% 的水平上显著。社会保障和就业支出对熵权法就业风险的影响在 10% 的水平上显著为负。

表 5–14 知识能力对就业风险影响的回归结果

变量	熵权法就业风险	等权重法就业风险	AHP– 熵权法就业风险
知识能力	–0.1750 （0.1638）	–0.2465*** （0.0437）	–0.0789 （0.0543）
地区人力资本	–1.5793*** （0.5331）	–0.9984** （0.4137）	–0.9291** （0.3643）
社会保障和就业支出	–0.6233* （0.3266）	–0.3291 （0.2400）	–0.2015 （0.1931）

续表

变量	熵权法就业风险	等权重法就业风险	AHP- 熵权法就业风险
贸易开放程度	0.0037 （0.0495）	−0.0215 （0.0224）	−0.0254 （0.0237）
常数项	50.1743*** （4.7674）	64.7123*** （3.6523）	50.4474*** （3.3595）
省份固定效应	是	是	是
R^2	0.3301	0.4052	0.1616
观测值	435	435	435

注：括号内数值为聚类标准误，***、** 和 * 分别表示在 1%、5% 和 10% 的水平上显著。

表 5–15 所示为经济活力对就业风险影响的面板固定效应回归结果。可以看出，经济活力对熵权法就业风险的影响系数为 −0.1130，且在 1% 的水平上显著，表明经济活力的提升显著降低了就业风险水平。经济活力对等权重法就业风险和 AHP– 熵权法就业风险的影响也为负，但不显著。在控制变量中，地区人力资本对熵权法就业风险、等权重法就业风险和 AHP– 熵权法就业风险的影响均为负，且分别在 5%、1% 和 5% 的水平上显著。社会保障和就业支出对熵权法就业风险的影响在 5% 的水平上显著为负。

表 5–15　经济活力对就业风险影响的回归结果

变量	熵权法就业风险	等权重法就业风险	AHP– 熵权法就业风险
经济活力	−0.1130*** （0.0301）	−0.0475 （0.0464）	−0.0277 （0.0345）
地区人力资本	−1.7441** （0.6456）	−1.6000*** （0.4530）	−1.0801** （0.3947）
社会保障和就业支出	−0.6970** （0.3343）	−0.4038 （0.2691）	−0.2286 （0.1970）

续表

变量	熵权法就业风险	等权重法就业风险	AHP- 熵权法就业风险
贸易开放程度	0.0163 （0.0173）	0.0253 （0.0247）	-0.0137 （0.0178）
常数项	50.6730*** （5.8772）	67.0570*** （3.7568）	51.0132*** （3.5787）
省份固定效应	是	是	是
R^2	0.3398	0.3401	0.1553
观测值	435	435	435

注：括号内数值为聚类标准误，***、** 和 * 分别表示在 1%、5% 和 10% 的水平上显著。

表 5-16 所示为创新驱动对就业风险影响的面板固定效应回归结果。可以看出，创新驱动对等权重法就业风险的影响为负，且在 1% 的水平上显著，表明创新驱动的发展显著降低了就业风险水平。创新驱动对熵权法就业风险和 AHP- 熵权法就业风险的影响也为负，但不显著。在控制变量中，地区人力资本对熵权法就业风险、等权重法就业风险和 AHP- 熵权法就业风险的影响系数分别为 -1.8474、-1.2995 和 -1.0245，且分别在 1%、1% 和 5% 的水平上显著。社会保障和就业支出对熵权法就业风险的影响在 10% 的水平上显著为负。

表 5-16　创新驱动对就业风险影响的回归结果

变量	熵权法就业风险	等权重法就业风险	AHP- 熵权法就业风险
创新驱动	-0.0948 （0.0747）	-0.1602*** （0.0544）	-0.0516 （0.0437）
地区人力资本	-1.8474*** （0.5976）	-1.2995*** （0.4455）	-1.0245** （0.3841）

续表

变量	熵权法就业风险	等权重法就业风险	AHP- 熵权法就业风险
社会保障和就业支出	–0.6054* （0.3172）	–0.2864 （0.2366）	–0.1876 （0.1912）
贸易开放程度	0.0202 （0.0272）	–0.0055 （0.0166）	–0.0204 （0.0189）
常数项	51.3069*** （5.6125）	66.0172*** （3.8841）	50.8613*** （3.5208）
省份固定效应	是	是	是
R^2	0.3190	0.3825	0.1583
观测值	435	435	435

注：括号内数值为聚类标准误，***、** 和 * 分别表示在 1%、5% 和 10% 的水平上显著。

表 5–17 所示为网络经济对就业风险影响的面板固定效应回归结果。可以看出，网络经济对熵权法就业风险、等权重法就业风险和 AHP- 熵权法就业风险的影响系数分别为 –0.1308、–0.0641 和 –0.0442，且分别在 1%、1% 和 5% 的水平上显著，表明网络经济的发展显著降低了就业风险水平。在控制变量中，地区人力资本对等权重法就业风险和 AHP- 熵权法就业风险具有显著的负向影响。

表 5–17　网络经济对就业风险影响的回归结果

变量	熵权法就业风险	等权重法就业风险	AHP- 熵权法就业风险
网络经济	–0.1308*** （0.0196）	–0.0641*** （0.0207）	–0.0442** （0.0159）
地区人力资本	–0.6535 （0.5425）	–1.0393** （0.4634）	–0.6773* （0.3785）

续表

变量	熵权法就业风险	等权重法就业风险	AHP- 熵权法就业风险
社会保障和就业支出	−0.2581 （0.2447）	−0.1907 （0.2148）	−0.0831 （0.1679）
贸易开放程度	0.0097 （0.0210）	0.0200 （0.0265）	−0.0187 （0.0170）
常数项	41.4271*** （5.3324）	62.4087*** （3.8998）	47.7369*** （3.5023）
省份固定效应	是	是	是
R^2	0.4279	0.3806	0.1852
观测值	435	435	435

注：括号内数值为聚类标准误，***、** 和 * 分别表示在 1%、5% 和 10% 的水平上显著。

表 5-18 所示为转型升级对就业风险影响的面板固定效应回归结果。可以看出，转型升级对熵权法就业风险、等权重法就业风险和 AHP- 熵权法就业风险的影响均不显著，即转型升级对就业风险无显著影响。在控制变量中，地区人力资本对熵权法就业风险、等权重法就业风险和 AHP- 熵权法就业风险的影响均为负，且均在 1% 的水平上显著。社会保障和就业支出对熵权法就业风险的影响显著为负。贸易开放程度对熵权法就业风险和等权重法就业风险具有显著的正向影响。

表 5-18　转型升级对就业风险影响的回归结果

变量	熵权法就业风险	等权重法就业风险	AHP- 熵权法就业风险
转型升级	−0.1183 （0.0720）	−0.0266 （0.0366）	−0.0493 （0.0342）
地区人力资本	−1.8615*** （0.4387）	−1.6996*** （0.3846）	−1.0651*** （0.3246）

续表

变量	熵权法就业风险	等权重法就业风险	AHP- 熵权法就业风险
社会保障和就业支出	-0.6426* （0.3160）	-0.3858 （0.2631）	-0.2110 （0.1905）
贸易开放程度	0.0821*** （0.0169）	0.0458** （0.0211）	0.0087 （0.0121）
常数项	51.1164*** （4.4310）	67.4818*** （3.4456）	50.9135*** （3.1451）
省份固定效应	是	是	是
R^2	0.3396	0.3332	0.1642
观测值	435	435	435

注：括号内数值为聚类标准误，***、** 和 * 分别表示在 1%、5% 和 10% 的水平上显著。

综合以上分维度检验结果可以看出，在新旧动能转换的五个维度中，网络经济对就业风险的降低作用最为显著，知识能力、经济活力和创新驱动对就业风险也具有一定的降低作用，而转型升级对就业风险没有显著影响。在控制变量中，地区人力资本、社会保障和就业支出对就业风险有不同程度的降低作用。

5.5 本章小结

本章首先基于新旧动能转换的内涵，参考国家统计局经济发展新动能统计指标体系，选取知识能力、经济活力、创新驱动、网络经济、转型升级 5 个一级指标，11 个二级指标构建中国省级新旧动能转换评价指标体系。然后运用熵权法计算新旧动能转换各指标的权重，对 2006—2020 年我国各省份新旧动能转换综合指数进行测度，并进一步对新旧动能转换各分类指数（知识能力指数、经济活力指数、创新驱动指数、网络经济指数、转型升级指数）进行测度。测度结果显示，2006—2020 年各省份新旧动能转换综合指数及各分类指数整体呈稳步上升趋势，表明各省份新旧动能转换进程正稳步推进。但各省份新旧动能转换综合指数及分类指数存在显著的地区差异，呈现由东向西逐步下降的空间特征。

为实证分析新旧动能转换对就业风险的影响，本研究利用省级面板数据构建面板固定效应回归模型，对新旧动能转换综合指数对就业风险的影响进行了回归，并进一步对新旧动能转换的五个分类指数进行了分维度回归。新旧动能转换对就业风险影响的基本回归结果表明，新旧动能转换显著降低了就业风险水平，将解释变量滞后一期回归以及替换被解释变量回归的稳健性检验进一步表明，新旧动能转换对就业风险的影响是稳健的。分维度检验发现，在新旧动能转换的五个维度中，知识能力、经济活力、创新驱动和网络经济对就业风险具有显著的负向影响，其中，网络经济对就业风险的降低作用最为显著，而转型升级对就业风险没有显著影响。此外，在控制变量中，地区人力资本、社会保障和就业支出对就业风险有不同程度的降低作用。因此，要持续深化知识能力、经济活力、创新驱动和网络经济对就业风险的降低作用，逐步提升转型升级对就业风险的防范作用。进一步提高各地区人力资本水平，加大社会保障和就业支出力度，不断防范化解就业风险。

6 防范就业风险的对策建议

6.1 就业风险全面管理体系

国际风险管理委员会（International Risk Governance Council，IRGC）从一种宏观的研究视角出发，提出了风险链理论。风险链理论说明了风险的发生机理和持续发展的过程，风险链以人类的需要为始端，连接了人类需求、人类选择、危机事件、危机结果、风险暴露、潜在后果等。风险控制管理是基于风险链理论提出的，主要由以下四个关键阶段构成，即风险识别、风险评估、风险描述与评价、风险管理。

就业风险受众多因素的影响，错综复杂地存在于社会系统内部且变化难测，因此，控制就业风险需要从整体进行系统研究，对其进行全面管理。就业风险全面管理是一项系统性工程，本研究借鉴上述风险管理框架，通过构建就业风险全面管理体系来防范就业风险。就业风险全面管理体系包括就业风险识别、就业风险评估、就业风险应对以及就业风险监控四个环节。

6.1.1 就业风险识别

风险识别是风险管理的基础，是指人们在风险事故发生之前，使用各种方法识别所面临的风险，分析风险事故发生的可能原因。目前我国经济发展正处于新旧动能转换的关键时期，各种矛盾和问题逐渐凸显。就业作为社会发展的一个重要组成部分，也面临着风险。

就业风险识别主要指识别就业风险源，即在当前新旧动能转换的背景下，对就业过程中的潜在风险进行判断。风险源包括外部环境与内部系统的不确定变化，从而给就业带来一定程度的损失。识别就业风险时，可以通过查阅资料、外部调研等方式收集就业相关信息，并对信息进行归类，形成就业风险源清单。同时还可以将风险源、其影响的范围、可能导致的后果等信息录入系统，建立风险源库，为后续风险管理提供依据。根据风险源，本研究将就业风险识别为失业风险、动能风险、结构风险、收入风险、健康风险以及保障风险。

6.1.2 就业风险评估

风险评估是评估某事件带来的影响或损失的可能程度。就业风险评估则是在识别就业风险源后，对各就业风险源的具体风险程度进行定量测度。具体而言，首先选取合理的指标来表征各就业风险源，然后收集相应的数据，采取合适的评估方法进行测度。本研究选取城镇登记失业率和城镇登记失业人数指标来衡量失业风险，选取 GDP 增长率、人均实际 GDP 和就业弹性系数来衡量动能风险，选取第三产业就业占比、就业结构和产业结构协调系数、大专及以上就业人员占比来衡量结构风险，选取城镇单位就业人员实际平均工资、城镇单位就业人员平均工资指数和城乡居民收入差距来衡量收入风险，选取工伤事故发生率和职业病发生率来衡量健康风险，选取失业保险覆盖率、城镇职工医疗保险覆盖率、城镇职工养老保险覆盖率和工伤保险覆盖率来衡量保障风险。

6.1.3 就业风险应对

风险应对是在风险识别和风险评估的基础上，依据风险性质、特点而制定相应的风险防范管理策略。就业风险应对则是重点针对前文识别的六种就业风险源分别提出具体的就业风险应对策略，力求将就业风险的损失降至最低。防范就业风险是一项系统性工程，需要国家、社会、企业和劳动者共同努力。因此，制定就业风险防范策略时需要综合考虑、全面统筹，并制定有针对性的管理策略。

6.1.4 就业风险监控

风险监控是为达到风险管理的预期目标，对风险识别、评估和应对过程的监督与控制。就业风险监控则是监督与控制就业风险识别、就业风险评估和就业风险应对全过程，以期使就业风险管理达到预期目标。就业风险监控的目的是监视就业风险管理措施的实际效果是否与预期相同，并进一步完善就业风险防范策略。就业风险监控的具体流程包括两个方面：①对于已经识别的就业风险，监控其就业风险管理策略的执行效果，如果未能达到理想效果，执行额外的就业风险管理策略；②对于初见端倪的尚未被识别的就业风险，更新识别、评估及应对，及时纳入就业风险全面管理体系。

根据前文对就业风险源的识别，可以从就业风险的失业风险、动能风险、结构风险、收入风险、健康风险和保障风险六个方面进行风险的评估、应对和监控，防范就业风险。

6.2 防范失业风险的对策建议

目前，我国处于新旧动能转换和产业转型升级的关键时期，增强风险意识和底线思维，根据失业重点指标，及早发现潜在的失业风险，制定应对规模性失业风险的预案极为重要。

6.2.1 加强失业风险管控

失业风险管控是我国保障就业的首要环节。新旧动能转换会对劳动者的就业产生一定的冲击，如果能够有效加强对失业风险的管控，将失业风险控制在失业发生之前，就可以有效控制新旧动能转换背景下可能存在的大面积失业问题。

首先，政府要把握宏观大局，对我国的失业风险进行深入调查。对受新旧动能转换影响较大的重点行业、重点企业、重点劳动者持续展开追踪调查和动态分析。及时根据监测数据对就业影响程度进行评估，结合经济实际运行情况制定就业预案。扩大监测范围，关注失业风险关键性指标，强化规模性失业风险预警和防范。同时，提前设计失业预警方案，及时向上级部门备案，按照计划步骤化解失业风险。

其次，政府要坚持发展的理念，促进新旧动能转换与扩大就业联动。为了加强对新旧动能转换带来的失业风险的管控，要立足长远发展，加强对重点新兴企业的培育，增加劳动者的就业岗位，围绕新动能产业创造新的就业机会，发挥技术进步带来的就业效应。深化供给侧结构性改革，合理配置生产要素，破解结构性矛盾，不断改造升级旧动能，提升传统产业发展水平，降低失业风险。

最后，加强政府对就业的监管力度。对于不符合用工规范及劳动法用工制度规定的企业，及时按照政策进行处理，监督企业劳动合同和社会保险的执行情况，同时开设专门的社会就业咨询与服务窗口，鼓励劳动者自主维权，有效减少因用人单位的行为不规范引发的失业风险。

6.2.2 防范化解规模性失业风险

首先，对于存在较大的规模性失业风险的地区，政府可以通过以工代赈、组织跨地区劳务对接、进行生活帮扶等举措，化解规模性失业风险。同时，改善投资环境，吸引社会投资，大力发展创新创业。鼓励社会投资地方建设和公益事业发展，增加地方就业岗位，促进就业。鼓励中小企业发展，为劳动者扩大就业空间。大力发展县域经济，发展产业集群，形成聚合效应，吸纳返乡农民工本地就业。

其次，在新旧动能转换过程中，大力支持阶段性就业、临时就业等灵活就业模式，积极应对产业转型过程中失业人员的再就业问题。大力发展社区就业，积极开发社区就业岗位。引导失业人员树立社区就业观念，提高失业人员的学习意愿，使其积极参加就业技能培训，促进有关失业人员再就业，降低社区失业人数。

6.2.3 做好职工安置工作

做好职工安置工作，是促进经济新旧动能转换的重要环节。在破除旧动能、化解过剩产能的背景下，做好职工安置工作，要充分发挥工会保障民生的作用，保障职工群众的合法权益，保障职工的正常生活。对于失业的职工，严格按照劳动法等相关法律及时发放职工工资，履行社会责任，在社会福利、社会互助等层面保障失业职工的利益。

此外，坚持市场主导与政府扶持相结合，在化解过剩产能的过程中积极促进再就业工作的开展。政府提高自身服务能力，鼓励企业通过转型升级创造新的就业岗位，加大对去产能企业的培训支持，帮助企业转型升级，减轻企业的负担。支持转型企业通过内部调剂将分流职工尽可能地安置到企业的新兴产业板块。同时，积极引导职工转变思想观念，减轻职工的心理压力，使其积极学习、大力创新，指导职工在新兴岗位积极再就业。与外界合作，多渠道筹集安置资金，拓宽就业专项资金使用渠道，为失业职工提供更多的再就业机会。

6.2.4 促进重点群体就业

对于农民工群体，应妥善处理农村劳动力向城市转移过程中存在的问题。提高新型城镇化质量，促进城乡资源自由流动，规范、统一劳动力市场，促进劳动力市场的公平正义。在推动农民工外出务工的同时，政府也要促进农民工就近就业、创业。加强地方政府招商引资，在地方建设新兴产业的车间和工厂，鼓励农民工就近就业和创业。政府要积极推动农民工技能培训，可以与当地职业院校合作，将学校教育与企业培养紧密结合，为农民工提供相关的技术培训，提高农民工的就业能力。

对于高校毕业生，应促进高校加强毕业生素质建设，增强毕业生的就业竞争能力，提高毕业生的就业质量。建立高校就业资源库，为高校毕业生提供优质的就职岗位信息。大力发展高校毕业生就业见习基地，加强高校与企业的联系，选派高校毕业生到企业单位实习，促进高校毕业生顺利就业。帮助高校毕业生积极调整心态，正确看待就业、失业问题，不断充实自己的理论知识和实践能力。鼓励高校毕业生提高自身竞争能力，努力学习专业知识，培养专业技能，主动到企业进行实践锻炼，了解市场需求，提高自身的适应能力。鼓励高校毕业生自主创业，对选择自由职业和自主创业的毕业生进行政策扶持，如实行税收优惠等政策。

对于城镇登记失业人员，政府应该鼓励灵活就业，鼓励下岗失业人员通过临时性、季节性、弹性工作等灵活多样的形式实现就业。同时，鼓励城镇失业人员转变就业观念，提高就业竞争意识，积极参与再就业培训，提高自身能力和水平，科学制订再就业计划。另外，完善就业和人才公共服务体系，建议就业和人才公共服务机构发挥其高效的媒介作用，加强人力资源市场的建设。建立免费的求职网站、资源信息库等平台，在企业和失业求职人员之间架起沟通的桥梁，提供高品质的服务，促进失业人员再就业。

6.2.5 加大政策支持力度

首先，政府积极调整就业政策，扩大优惠政策实施范围，鼓励灵活就业和自主创业。要扩大政策的实施范围，简化手续，增加政策的可持续性。政府要出台各种政策做好去产能方面的工作，不断将化解产能过剩过程中分流出来的职工纳入目前就业扶持政策的范围内，使其享受政策支持。同时，政府制定激励政策，减少企业裁员情况。针对不同类型的企业制定不同的标准，对于经营好的转型企业给予一定的奖励或授予相应的荣誉称号；针对效益相对下降的企业允许部分裁员，并保障被裁员工的合法权益。政府部门推进信息公开工作，广泛听取劳动者和社会的意见和建议，加快完善相应的法律法规政策，为劳动者提供保障。

其次，政府适当扩大财政支出，对企业和职工进行补贴扶持，降低失业风险。完善对企业和职工的补贴扶持政策，引导企业转型和职工转岗，避免集中性失业风险。此外，政府要有效解决企业欠缴社会保险费和拖欠经济补偿金的问题，同时适当降低困难企业的社会保险费率，减轻企业的负担，对企业进行财政补贴。

6.3 防范动能风险的对策建议

稳就业的关键是稳增长。政府要坚持发展的理念，促进新旧动能转换与扩大就业联动。要立足长远发展，加强对重点新兴企业的培育，增加劳动者的就业岗位，围绕新动能产业创造新的就业机会，发挥技术进步带来的就业效应。深化供给侧结构性改革，合理配置生产要素，破解结构性矛盾，不断改造升级旧动能，提升传统产业发展水平。促进国民经济增长，改善经济结构，主要是依靠新旧动能转换来增强社会经济活力，依靠创新和结构升级增强企业竞争力和就业容量。防范动能风险，推进新旧动能转换，可以从创新驱动、平台支撑和项目建设三方面进行。

6.3.1 突出创新驱动

突出创新驱动，推动产业结构转型升级。首先，加快创新步伐，加强知识产权保护。政府要完善相关的法律法规，保护创新发明者的合法劳动成果，营造良好的市场环境，引导合理竞争。其次，充分发挥新产业的引领作用，围绕新旧动能转换的总体目标，做好规划，引领招商引资和产业发展，促进产业链和创新链紧密融合。最后，不断改造提升传统产业，引进优质项目，加快合理分工，实现优化发展。

6.3.2 突出平台支撑

平台经济是我国数字经济的重要组成部分，应引导平台经济补齐创新短板，突出平台支撑，优化经济发展质量。集中关注和优化园区支撑，聚力“双招双引”，聚焦创新平台建设。重点抓好国际经济合作区建设，引进新项目、好项目、大项目，储备未来发展的新动能。国家应该多举措支持平台企业增加基础研发投入，积极参与重大科技基础设施建设。

6.3.3 突出项目建设

突出项目建设，强化责任落实。政府发挥主体作用，引领经济发展，确保动能培育沿着正确的道路发展。定期跟踪新旧动能转换进度，建立重大项目调整机制，建立健全考核督察制度，实行责任追究制。

6.4 防范结构风险的对策建议

6.4.1 积极发展第三产业，扶持中小企业发展

第三产业仍是吸纳就业的重要渠道，应大力推动第三产业，尤其是现代服务业的发展。政府应通过产业政策积极引导社会资本向现代服务业转移，不断促进金融、物流等高附加值、知识型的现代服务业发展。另外，将第三产业与互联网相结合，形成具有带动力、创新性的现代化服务产业。通过大力发展服务产业，增加劳动岗位，最大限度地扩大就业，吸纳劳动力。

鼓励中小企业落户劳动力丰富的地区，创造更多的就业岗位。企业可以充分利用当地的劳动力资源形成自己的优势，促进自身发

展。同时，促进区域经济协调发展，促进在地理、资源区位上相互靠近的企业形成相互关联、空间聚集的企业组织网络，帮助中小企业降低市场交易成本，推动产业升级发展，实现规模效益。加大对中小企业的投资力度，政府设立专门的财政项目，为中小企业提供融资服务，降低中小企业融资的门槛和风险，拓宽中小企业的融资渠道。另外，推动中小企业技术创新发展，利用社会人力资源不断创新，鼓励支持中小企业与科研院所、研发机构合作。充分利用网络和数字技术完善中小企业的传统经营环境，发展网络销售，通过网络接收国内、国际订单，拓宽产品的销售渠道，增强产品的国际竞争优势。

6.4.2 促进就业结构和产业结构协调发展

1. 合理布局产业路径

要实现就业结构和产业结构的协调发展，需要从宏观上调控产业结构，提升产业的就业弹性，为劳动者提供广阔的就业空间。政府要对产业发展进行科学规划和合理布局。关注地区发展差异，根据地区发展的特点，因地制宜。要在借鉴有益发展经验的同时，根据当地的资源优势和自然环境特色选择适合的产业进行发展。加大产业扶助资金的投入力度，加强对资金使用情况的监管，扶持地区特色产业基础设施的建设和扩大。整合专项资金，发挥各地区特色产业的优势，形成差异化、特色化的产业布局。同时，政府帮助扩大产业发展规模，从数量上做大产业，进一步促进劳动者的就业。另外，企业要注重提升产品质量水平，创建地方特色品牌。抓住电子商务发展的机遇，加强信息体系建设，推动互联网与本地产业相结合，利用网络科技提高特色产业知名度，发展网络市场，促进现代化产业发展。

2. 完善劳动力市场建设

要实现就业结构和产业结构的协调发展，需要逐步完善劳动力市场建设。要打破城乡壁垒，统筹城乡就业和社会保障，促进劳动力在各产业之间自由流动。打破户籍限制，给予农民等同的就业、医疗和教育机会，进一步促进农村劳动力转移，促进劳动力资源优化配置。同时，优化就业服务体系，完善就业信息网络，为劳动者提供高效的就业服务，促进劳动力就业。强化劳动者的职业技术培训，建立相关产业技术培训基地，安排技术人员对劳动者进行指导，帮助劳动者提高技能，积极适应产业结构的变动。

6.4.3　深化人才供给侧结构性改革

1. 加大教育投入，推进教育结构调整

随着新旧动能转换的推进，劳动力市场的竞争越来越激烈，容易接受新知识和新技术的劳动者更容易适应变化的市场环境，实现高质量就业。大力发展教育是我国实现新旧动能转换的重要举措，通过提高劳动者的素质，能够带动产业的升级发展。政府要加大教育投资，提高整个社会的人力资本水平。对教育进行财政补贴，减免税收，为学生提供奖助贷学金，鼓励社会资助。加强院校与企业之间的联系，对高校学生进行就业指导，引导就业。

应持续改善教育结构，适应未来对劳动力的需求，培养适应新动能的高素质劳动力。鼓励发展职业教育，提高劳动者技能。加强职业教育可以促进劳动者适应高技术需求的就业岗位，降低就业岗位的可替代性，减少失业风险。鼓励、支持和引导企业开展常态化的职业技能培训，提升劳动者的生产效率。为劳动者提供更多的培训和晋升机会，增加劳动者提高能力、获得技术、增长见识的机会。

2. 采取积极的人才引进政策

实施人才引进战略能够弥补高质量劳动力的不足。实施人才引进政策，要做到“引得进”和“留得住”。在经济发展的新形势下，为确保人才引进政策的可实施和持续性，要创造良好的就业环境，积极吸纳人才，避免人才流出。首先，政府要提高对人才引进的重视程度，完善引进人才的保障制度。增加对引进人才的资金补助，解决人才在通勤、住房等方面的需求，为人才减少不必要的生活负担，调动人才参与工作的积极性。其次，在加强人才激励和保障的同时，也要建立起相应的效果评价体系，对引进人才的绩效进行考核，注重人才的贡献程度。

企业要根据自身发展特点设置相应的人才引进名额，建立符合企业自身发展实际的人才引进模式，创造良好的工作制度和工作环境，积极吸纳优秀人才。企业可以加强与高校的合作，设置专项奖学金等人才扶助项目，吸引高校的优秀人才。企业要重视招揽人才的政策宣传作用，减少吸引人才的时间成本，提高人才引进的效率。

6.5 防范收入风险的对策建议

6.5.1 提高就业人员收入水平

完善工资决定、合理增长和支付保障机制，逐步提高劳动者收入水平。健全工资增长机制，使劳动者收入增长与经济增长保持同步。政府层面，要充分落实工资增长的相关政策，完善收入分配关系，完善个人所得税制度，健全最低工资标准调整机制。通过减税降费等方式，降低企业经营成本，给予企业经济支持，帮助企业提高劳动者的收入水平。企业层面，要完善企业分配机制，制定工资增长最低线，确保劳动者收入与企业经济效益同步增长。

健全劳动者工资争议解决机制。完善劳动法律法规，提高劳动者在劳资关系中的发言权，保障劳动者的合法权益。加强劳动仲裁机构建设，充分发挥劳动仲裁机构在解决劳动者工资争议中的作用。

6.5.2 缩小城乡收入差距

缩小城乡收入差距，需要政府统筹城乡发展，构建城乡统一的劳动力市场体系。政府要加大财政投入力度，营造良好的投资环境，统筹城乡发展；优化投入结构，加强基础设施的投资建设，让农民享受基础设施建设的成果。构建城乡统一的劳动力市场体系，改善劳动力资源配置环境。推动户籍制度改革，增强劳动力在各地区之间的流动性。追求效率和公平，在长期实践中实现效率和公平的有机统一，最终促进城乡发展一体化。加强农民的素质教育，提升人力资本水平，促进农民增收，减少城乡收入差距，避免收入风险。

此外，政府需要对传统农业进行升级改造，推进农业转型升级，促进农村现代化发展，形成多种就业渠道。一方面，加大对农业的投入，大力扶持农业技术研究和开发，推动农业生产的可持续发展。另一方面，拓展农村地区新功能，充分利用农村地区的丰富资源，利用地方特色，促进农村产业转型升级，实现农业与旅游业、文化产业的融合发展。大力发展特色农业，延伸农业发展产业链，对农副产品进行再加工，建立有特色、标准化、规模化的农业产品生产基地。

6.6 防范健康风险的对策建议

健康是人力资本积累的基础，有效地防范健康风险能够进一步降低劳动者的就业风险。降低工伤事故发生率是有效防范健康风险的重要举措。工伤事故不但会给企业造成经济损失，还会导致职工的健康问题，影响劳动者的劳动能力。完善工伤预防体系，能有效避免工伤事故引发的健康风险问题，减少事故伤害与职业病危害。要不断形成防范健康风险的合力，发挥政府的主导作用、企业的主体作用以及劳动者的主动作用。

6.6.1 政府方面

相关政府部门要大力开展工伤预防工作，对工伤预防的法律法规和费用问题做出说明和规定，通过立法确定工伤预防的费用来源，确保工伤预防的费用充足。首先，政府可以成立相应的工伤预防小组，包括应急管理、卫生健康等管理部门，各个部门分别负责职业病防控和工伤预防相关规定的制定，充分落实用人单位工伤预防的主体责任。其次，成立工伤预防监督管理部门，对具有健康风险的生产单位配备相应的安全管理员，规划针对工伤事故的系统性应急方案，提高工作效率。政府工伤预防监督管理部门要定期摸排风险点，对于可能发生工伤事故或者存在安全隐患的地区进行排查，对于已经发生的工伤事故进行及时处理。定期对企业开展实地检查，及时发现并排除安全隐患，避免健康风险，保障劳动者的健康和安全。同时，激励企业采用安全技术，创造出更安全的工作环境。

对于工伤事故发生率高的企业，政府要按照相应的规定为其购买工伤预防服务，对企业的工伤预防工作进行指导和帮助。落实奖惩机制，对积极开展工伤预防工作的企业进行表彰和奖励，对于发生较多工伤事故的企业进行批评和处罚。同时，对企业进行高度的监督和管理，降低工伤事故的发生率，减少企业的经济损失，保障劳动者的生命安全。

6.6.2 企业方面

企业首先要树立预防优先的工作理念。完善企业内部的组织制度，建立相应的应急管理部门，明确落实各部门的工作职责，明确重点岗位的工伤预防措施，制定工伤事故发生后的处理方案。企业还要加大安全生产投入，购买安全生产设备，加强企业安全管理，对企业进行标准化安全建设，降低工伤事故的发生率。此外，重点加强工伤预防的宣传力度，利用媒体对企业的工伤预防工作进行广泛的宣传，并在企业内部开展安全教育和岗前培训，提高劳动者的安全意识和安全技能。

6.6.3 劳动者方面

劳动者首先要树立预防工伤的意识，遵守企业安全生产方面的规章制度和操作流程，服从企业管理。劳动者要按照规范使用安全卫生防护用具，自觉接受安全教育和岗位培训，学习掌握必要的应急自救措施。定期接受健康检查，预防健康风险。在工作中及时指出企业存在的安全隐患，积极参与工伤预防工作，并提出意见和建议。

6.7 防范保障风险的对策建议

6.7.1 完善失业保险

1. 扩大失业保险范围

我国失业保险的覆盖面依然是以城镇职工为主，仍存在许多未纳入失业保险体系的劳动群体。这使得享受失业保险待遇的劳动者范畴较小，失业保险制度的保障水平较低。要健全失业保险制度，扩大失业保险的覆盖范围，将农民工、城镇灵活就业人员和刚毕业未及时就业的大学生群体纳入失业保险体系之中，做到应保尽保。同时加强失业保险宣传，提高劳动者参保的积极性。

针对特定劳动群体建立相应的失业保险规则。通过缩短农民工领取失业保险金的最低缴费期限，适应农民工群体从事短期工作的特点。针对灵活就业群体，按照其收入的适当比例征收保费，并向其提供一定的补贴，计入储蓄金账户，帮助减轻失业困境带来的压力。随着大学毕业生数量的增加，社会竞争压力增大，建议将毕业生纳入失业保险范围，对未就业的应届大学生进行适当的补贴，减轻毕业生的就业负担和压力。

2. 完善失业保险的统筹机制

政府根据本地区的失业保险基金收入情况确定失业保险基金的支付情况，按照实际情况调节失业保险基金的收支，完善失业保险的统筹机制。由国家统筹，推动各省地市、地区之间建立衔接机制，进行失业保险的跨地区统筹，保障流动性劳动者的利益。根据劳动者的工作能力以及再就业能力评估失业保险的给付期限，为失业者提供良好的服务，减少道德风险的发生。

6.7.2 完善职工医疗保险

完善职工医疗保险制度，提高医疗保险的统筹层次，避免劳动者因高额的医疗费用产生经济负担。较高的参保率不仅可以稳定增加职工医疗保险基金的收入，还能够大大降低患病职工的医疗费用负担，真正做到有病可医、无病预防，切实保障职工在职、退休以及离休期间的基本权益，增加职工社会福利。

1. 完善医疗保险筹资机制

要完善医疗保险的多元化筹资渠道，扩大医疗保险基金规模。强化政府对不同区域医疗救助资金的统筹调动，分层次解决医疗保险的统筹问题。合理确定医疗保险的征缴比例及劳动者的待遇标准，根据劳动者的工作情况、工作能力科学划分缴费比例，针对劳动者的自身能力个性化制定补助标准。推进医疗保险和卫生资金统筹使用，对城乡居民医疗保险费的征缴进行审计监督，解决医疗保险费用滞留、挤占、挪用问题。还要完善重特大疾病医疗保险救助制度，切实解决劳动者的医疗救助问题。

2. 优化医保程序

要加强基层医疗卫生服务建设，解决跨部门协同治理问题，实现不同部门之间救助信息的交流共享。通过整合跨部门数据，形成一体化的健康监测平台，及时更新工伤、疾病医疗的救助信息。同时通过大数据强化对医疗机构的监管，评估医保项目的合理性。

加大医保支付方式改革力度，优化医保经办程序。提高医疗机构的服务质量，扩大医保结算覆盖面，提高医保结算的便捷程度。将参保人员的实际需求考虑在内，拓展医疗救助的药品目录、诊疗项目。对职工医保的实际报销范围做出明确规定，切实减轻被救助患者的费用负担。

6.7.3 完善职工养老保险

1. 提高养老保险覆盖率

当前经济发展出现新产业、新业态、新模式，就业的渠道不断拓展，但是各种新兴行业诸如快递、外卖等的工作人员并未纳入相应的养老保险体系，职工养老保险的覆盖率有待进一步提升。结合我国现实情况，政府要建设多层次的养老保险制度体系，创新养老保险模式，扩大养老保险的参保范围，将自主创业人员、兼职从业人员、农民工、难以认定雇佣关系的新兴行业的就业人员等各种类型的人员纳入基本养老保险保障体系中。要广泛宣传养老保险的参保政策，提高职工的自我保障意识，并借助互联网平台简化职工的参保流程，提高职工参保的办理效率，增强职工参保的积极性。区分不同的劳动对象，分类实施政策保障，切实加大保障力度，逐步实现职工养老保险的全覆盖。

2. 完善养老保险保障体系

提高城镇职工养老保险和城乡居民养老保险的衔接性，同时考虑就业职工的跨地区流动问题，实现养老保险的转移接续。大力支持商业养老保险补充基本养老保险，拓展养老保险基金的来源渠道，促进基金增收。政府还要加强对基金的风险管控，提高投资管理水平，实现基金增值的合法、多样化，保障基金的回报率。加强对养老保险基金使用管理情况的检查和监督，提高职工的参保信任度，增强职工的参保缴费意识。

6.7.4 完善工伤保险

1. 实现法定范围全覆盖

政府加大对小微企业、个体商户、电商、农民工等的扩面力度，通过法律手段完善相关政策，将工伤保险法定覆盖人群全部纳入制度保障范围内。同时，将工伤保险的扩面完成情况纳入政府绩效考核之中，明确负责单位，执行奖惩机制。政府还要加大稽查力度，要求企业督促未参加工伤保险的人员及时参保缴费。对企业实行浮动费率制度，对工伤事故发生次数多的企业，要求企业全员参保，而对工伤事故少的企业，对其适当降低工伤保险费率，减轻企业缴费负担，增加企业参保人数。另外，政府要监督、保证工伤保险制度的实施，加大执法力度，对逃避工伤保险责任、漏缴和少缴工伤保险费的企业进行相应的处罚。增强职工对于工伤保险的信任度，提高职工参加工伤保险的意识，促进劳动者主动参加工伤保险。

2. 完善工伤保险制度

根据不同的工作性质完善相应的工伤保险制度，实现赔偿的针对性和灵活性。关注公平性问题，制定科学合理的工伤认定规则和方案，解决工伤纠纷，化解危机。合理设计工伤保险支付方案，在工伤事故发生后，全面保障劳动者的合理赔偿要求。改善以往工伤认定程序中的不足，提高工伤保险赔偿的工作效率和工作质量，为劳动者提供良好的服务，推动构建有效的工伤保险制度。

参考文献

[1] 白明 . 山东省新旧动能转换形势下职工就业问题研究［J］. 山东工会论坛，2020，26（4）：80–89.

[2] 钞小静 . 数字经济时代背景下城乡收入差距的新变化及破解路径［J］. 新疆师范大学学报（哲学社会科学版），2024，45（4）：52–60.

[3] 车蕾，杜海峰 . 就近务工农民工就业风险感知现状及其影响因素研究［J］. 西安交通大学学报（社会科学版），2019，39（4）：48–56.

[4] 陈静，岳海鸥，叶权慧 . 发挥科技创新驱动 助力新旧动能转换［J］. 科技和产业，2018，18（11）：58–62.

[5] 陈林，李明霞 . 加强灵活就业和新就业形态劳动者权益保障研究［J］. 西部学刊，2023（24）：25–29.

[6] 陈帅，葛大东 . 就业风险对中国农村劳动力非农劳动供给的影响［J］. 中国农村经济，2014（6）：27–40.

[7] 陈晓峰 . 就业风险与风险就业［J］. 人才开发，2003（4）：44–45.

[8] 陈涌，范彩荣 . 基于“新旧动能转换”背景下的当代高职学生就业价值观研究［J］. 文化创新比较研究，2019，3（5）：16–18，33.

[9] 程海龙 . 人工智能对我国就业的影响及其风险的防范［J］. 经济

研究导刊，2021（2）：67-72.
［10］程名望，潘烜．就业风险对农村剩余劳动力转移的影响——模型与实证［J］．公共管理学报，2010，7（3）：39-46，124.
［11］程名望，史清华．就业风险、就业环境、就业条件与农村剩余劳动力转移——基于沪鲁晋364份务工样本的实证分析［J］．管理评论，2010，22（12）：11-19.
［12］单良，张涛．中国产业结构与就业结构协调性时空演变研究［J］．中国人口科学，2018（2）：39-49，127.
［13］邓大松，李玉娇，严妮．新型城镇化进程中农民工就业风险及其规避［J］．湘潭大学学报（哲学社会科学版），2015，39（5）：12-17.
［14］丁文珺，伍玥．湖北省加快新旧动能转换的路径研究［J］．湖北社会科学，2018（12）：56-67.
［15］董彦岭．全面深刻把握新旧动能转换的内涵［J］．科学与管理，2018，38（1）：48-49.
［16］傅春，赵晓霞．双循环发展战略促进新旧动能转换路径研究——对十九届五中全会构建新发展格局的解读［J］．理论探讨，2021（1）：82-87.
［17］顾永红，彭超然．农民工人力资本视角的就业风险考察［J］．财政研究，2012（3）：19-22.
［18］郭玮，袁丽蓉．河北省经济发展新旧动能转换研究［J］．中国商论，2018（3）：155-156.
［19］国家发展和改革委员会社会发展研究所课题组．经济新常态下的就业风险研究［M］．北京：经济科学出版社，2019.
［20］韩雪，张广胜．就业风险、社会资本与进城务工人员的部门选择

［J］. 当代财经，2015（3）：13-23.

［21］侯立文. 长期失业青年就业状况分析及对策［J］. 当代青年研究，2020（6）：77-82.

［22］侯晓东. 要素供给结构性失衡与经济发展动力转换研究［J］. 统计与决策，2018，34（11）：137-141.

［23］胡晓. 新旧动能转换视角下山东经济的发展［J］. 当代经济，2018（12）：78-79.

［24］黄波，王楚明. 基于排序 logit 模型的城镇就业风险分析与预测——兼论金融信用危机情形下促进我国就业的应对措施［J］. 中国软科学，2010（4）：146-154.

［25］黄波. 后危机时代中国城镇长短期就业风险的度量与预测［J］. 中国人口科学，2012（5）：23-33，111.

［26］来佳飞，杨祖增，冯洁. 浙江经济增长动力结构和机制转换研究［J］. 浙江社会科学，2016（4）：144-147，14，160.

［27］赖德胜. 新经济：就业结构转型升级的新动能［J］. 人才资源开发，2018（9）：24-25.

［28］李娟. 全球化、劳动需求弹性与就业风险研究述评［J］. 经济学动态，2012（3）：153-159.

［29］李萌. 中国经济增长与就业关系的时空差异研究［D］. 长春：吉林大学，2022.

［30］李萍，谌新民. 迁入地就业容量与就业风险对劳动力流动的影响——以广东省为例［J］. 中国人口科学，2011（2）：57-65，112.

［31］李晓华. 数字经济新特征与数字经济新动能的形成机制［J］. 改革，2019（11）：40-51.

［32］李晓西，刘一萌，宋涛．人类绿色发展指数的测算［J］．中国社会科学，2014（6）：69–95，207–208.

［33］李长英，周荣云，余淼杰．中国新旧动能转换的历史演进及区域特征［J］．数量经济技术经济研究，2021，38（2）：3–23.

［34］梁若男，王博．“新旧动能转换”背景下的本科生就业价值取向研究——以驻济高校为例［J］．今日财富（中国知识产权），2020（12）：210–211.

［35］廖程静．基于风险管理视角的大学生就业风险探析［J］．中国管理信息化，2020，23（7）：214–215.

［36］林雷．延迟退休背景下我国城镇职工养老保险财政保障问题研究［D］．北京：首都经济贸易大学，2022.

［37］林攀，余斌，刘杨洋，等．中国新旧动能转换的空间分异及影响因素研究［J］．经济地理，2021，41（11）：19–27.

［38］林芹．青岛引领新旧动能转换路径分析［J］．内蒙古科技与经济，2018（21）：14–15，17.

［39］蔺思涛．经济新常态下我国就业形势的变化与政策创新［J］．中州学刊，2015（2）：82–85.

［40］刘冰．准确把握新旧动能转换的关键任务和重要举措［J］．理论学习，2017（8）：25–28.

［41］刘萍，刁永祚．新经济对劳动力就业的影响探究［J］．长春师范大学学报，2019，38（2）：156–160.

［42］刘岐涛，王磊．新旧动能转换指数测度研究［J］．中国国情国力，2018（9）：52–54.

［43］刘毅，刘西国．产业结构性冲击对就业风险性的空间极化演变研究——基于面板数据回归和分位数回归的两种模型对比［J］．经

济问题，2015（8）：17–21.

［44］隆国强 . 新旧动能转换的意义、机遇和路径［J］. 中国发展观察，2017（21）：28–31.

［45］卢江阳 . 全民医保理念下城镇职工医疗保险问题研究［D］. 郑州：郑州大学，2011.

［46］卢琳 . 以“创”促“转”——浅谈新常态下如何推动新旧动能转换［J］. 中国集体经济，2021（11）：20–21.

［47］罗婧 . 福建经济发展新旧动能转换的亮点、问题及对策研究［J］. 福建理论学习，2017（5）：23–26.

［48］马秀贞，孙习武 . 全要素生产率提升与新旧动能转换——以青岛为例［J］. 青岛科技大学学报（社会科学版），2018，34（2）：25–30.

［49］宁朝山 . 工业革命演进与新旧动能转换——基于历史与逻辑视角的分析［J］. 宏观经济管理，2019（11）：18–27.

［50］庞占宇 . 以“创”促“转”：新常态下如何推动新旧动能转换［J］. 中小企业管理与科技（上旬刊），2018（8）：46–47.

［51］彭晓艳 . 我国当前的就业风险及其治理——基于风险社会理论的分析［J］. 企业家天地（下旬刊），2009（4）：251–254.

［52］钱琛 . 中国去产能背景下产能过剩行业就业问题［J］. 现代商贸工业，2017（28）：73–74.

［53］秦婷 . 工会促进产能过剩行业职工再就业工作的思考［J］. 山东工会论坛，2018，24（6）：37–40.

［54］曲玥 . 产能过剩与就业风险［J］. 劳动经济研究，2014，2（5）：130–147.

［55］荣刚，房林林 .PPP 模式助推新旧动能转换的实践与探索［J］.

山东社会科学，2018（10）：162–166.

［56］芮晓雯 . 经济新常态下大学生就业问题及创新路径研究［J］. 淮南职业技术学院学报，2018，18（2）：85–86.

［57］盛斌，牛蕊 . 贸易、劳动力需求弹性与就业风险：中国工业的经验研究［J］. 世界经济，2009（6）：3–15.

［58］盛朝迅 ."十四五"时期推进新旧动能转换的思路与策略［J］. 改革，2020（2）：5–19.

［59］史青，李平，宗庆庆 . 企业出口对劳动力就业风险影响的研究［J］. 中国工业经济，2014（7）：71–83.

［60］宋帅官，姜瑞春 . 产能过剩背景下辽宁工业领域的就业与再就业［J］. 党政干部学刊，2016（4）：50–55.

［61］宋帅官 . 辽宁经济发展新旧动能转换问题研究［J］. 党政干部学刊，2018（6）：64–72.

［62］宋雪程 . 我国失业保险制度运行效应的整体分析——基于 1999—2013 年统计数据的实证分析［J］. 公共治理评论，2015（2）：84–95.

［63］宋玉军 . 创新创业：新经济下扩大就业的新引擎——合肥市创新创业带动就业的调研与分析［J］. 中共合肥市委党校学报，2017（1）：21–28.

［64］苏策 . 经济新常态背景下解决就业问题的对策［J］. 现代经济信息，2017（7）：1–2，55.

［65］苏丽锋，陈建伟 . 产业结构调整背景下高等教育人才供给与配置状况研究［J］. 中国人口科学，2016（4）：2–15，126.

［66］孙凡 . 经济新常态下大学生就业现状分析与创新路径研究［J］. 科技风，2017（22）：14，22.

［67］唐海燕 .2008 中国经济运行风险研究报告［M］. 上海：立信会计出版社，2008.

［68］田帆 . 新常态背景下就业风险研究评述［J］. 中国经贸导刊，2016（5）：38–42.

［69］田溪江 . 谈新旧动能转换背景下大学生的职前教育与就业［J］. 教育现代化，2018，5（26）：136–137.

［70］田艳君，周玉健，吴佳灏 . 就业风险与就业身份选择——基于湖南省 2015—2016 年流动人口动态监测数据［J］. 调研世界，2017（9）：14–19.

［71］铁明太 . 农村籍大学生就业风险与对策［J］. 求索，2011（5）：181–182.

［72］万昆 . 人工智能技术带来的就业风险及教育因应［J］. 广西社会科学，2019（6）：185–188.

［73］王琦，孙志军，赖德胜 ."三新" 经济背景下劳动力市场就业规模特征分析［J］. 中国劳动，2020（4）：5–16.

［74］王尚银 . 人口就业风险的化解——温州经验解读［J］. 人口与经济，2007（2）：50–54，65.

［75］王同娟 . 新旧动能转换背景下高职学生就业创业路径探析［J］. 职业，2019（19）：60–61.

［76］王小广 . 新旧动能转换：挑战与应对［J］. 人民论坛，2015（35）：16–18.

［77］王小洁，刘鹏程，许清清 . 构建创新生态系统推进新旧动能转换：动力机制与实现路径［J］. 经济体制改革，2019（6）：12–18.

［78］王晓天 . 中国新旧动能转换的综合指数测度与区域特征分析［J］.

统计与决策，2021（21）：71–75.
［79］王艳霞，邢明强. 河北省产能过剩行业失业人员再就业问题与对策［J］. 中国市场，2015（12）：137–138，157.
［80］吴净. 新时代经济发展新旧动能转换评价——以青岛市为例［J］. 地域研究与开发，2019，38（5）：41–44，62.
［81］吴俊熠. 基于熵权法的云南省工业新旧动能发展评估［J］. 华北水利水电大学学报（社会科学版），2018，34（4）：23–27.
［82］武贵欣. 职业病预防与工伤保险的关系［J］. 中国卫生产业，2020，17（19）：139–141.
［83］武向荣. 论大学毕业生就业风险［J］. 北京师范大学学报（社会科学版），2004（3）：126–131.
［84］熊鹏洋. 新经济形态下大学生就业机遇与挑战［J］. 合作经济与科技，2022（8）：114–116.
［85］徐建伟. 中部地区产业转型升级和新旧动能转换研究［J］. 宏观经济管理，2018（3）：67–71，92
［86］徐鹏杰. 动能转换、基本公共服务与经济平衡发展［J］. 地域研究与开发，2019，38（1）：6–10.
［87］杨蕙馨，焦勇. 新旧动能转换的理论探索与实践研判［J］. 经济与管理研究，2018，39（7）：16–28.
［88］杨蕙馨，邱晨，冯文娜，等. 创新驱动及其动能转换的策略选择与政策设计——基于构建现代产业发展新体系的视角［J］. 山东社会科学，2019（2）：137–142.
［89］杨景祥，田艳. 动能转换多维度测度分析及启示建议［J］. 统计与管理，2018（1）：3–10.
［90］杨丽华，谭珉威. 高质量发展背景下中国产业–就业结构的偏离

及优化策略［J］. 当代经济，2022，39（12）：3-10.
［91］姚明明 . 辽宁省就业风险及其对策［J］. 党政干部学刊，2020（7）：57-64.
［92］于殿宝，李大鹏，廉理 . 关于事故发生规律的研究［J］. 工业安全与环保，2012，38（7）：53-56.
［93］余东华 . 以“创”促“转”：新常态下如何推动新旧动能转换［J］. 天津社会科学，2018（1）：105-111.
［94］詹浩勇 . 我国产业结构变迁与就业的互动关系探讨［J］. 现代经济探讨，2010（3）：31-34，62.
［95］张车伟，王博雅，高文书 . 创新经济对就业的冲击与应对研究［J］. 中国人口科学，2017（5）：2-11，126.
［96］张成 . 关于防范与化解就业风险的思考［J］. 中国人力资源社会保障，2018（11）：28-30.
［97］张承业 . 新旧动能转换背景下高职院校就业服务改革与实践［J］. 文教资料，2022（8）：150-154.
［98］张海洋，金则杨 . 中国工业 TFP 的新产品动能变化研究［J］. 经济研究，2017，52（9）：72-85.
［99］张然，李吉栋 . 劳务派遣：劳动者就业风险及其保障机制研究［J］. 经济与管理，2014，28（3）：85-89.
［100］张汝立，刘伟明 . 新时期城镇失业群体的就业支持政策研究［J］. 中国行政管理，2013（8）：36-40.
［101］张帅，王东 . 风险管理视角下的大学生就业风险探讨［J］. 科技资讯，2020，18（27）：233-235.
［102］张文，张念明 . 供给侧结构性改革导向下我国新旧动能转换的路径选择［J］. 东岳论丛，2017，38（12）：93-101.

[103] 张亚强. 大学毕业生就业风险的社会危害及其规避[J]. 山西财经大学学报，2012，34（S1）：254–255.
[104] 张志元，马永凡，胡兴存. 金融供给侧改革与新旧动能转换的耦合效应研究——以山东省为例[J]. 东岳论丛，2018，39（10）：43–53.
[105] 赵炳新，肖雯雯，殷瑞瑞. 关于新动能的内涵及其启示[J]. 经济研究参考，2018（2）：72–76.
[106] 赵大全. 当前财政政策措施要重在防范就业风险[J]. 中国财政，2019（15）：54–55.
[107] 赵丽娜. 产业转型升级与新旧动能有序转换研究——以山东省为例[J]. 理论学刊，2017（2）：68–74.
[108] 赵树凯. 农村劳动力迁移：成本与风险的初步考察[J]. 农业经济问题，1995（3）：33–36.
[109] 赵文，向晶. 创新经济的就业创造和就业消失[J]. 财经智库，2018，3（5）：60–73，141.
[110] 赵钊翊. 疫情影响下大学生就业风险与应对策略[J]. 山东人力资源和社会保障，2020（11）：26–27.
[111] 郑江淮，宋建，张玉昌，等. 中国经济增长新旧动能转换的进展评估[J]. 中国工业经济，2018（6）：24–42.
[112] 周申. 贸易自由化对中国工业劳动需求弹性影响的经验研究[J]. 世界经济，2006（2）：31–40，95.
[113] Aghion P, Howitt P. On the macroeconomic effects of major technological change[J]. Annales Déco–nomie Et De Statistique, 1998（3）：53–75.
[114] Assaad R, Tunali I. Wage formation and recurrent unemployment

[J] .Labour Economics, 2002, 9 (1): 17–61.

[115] Bertrand M. From the invisible handshake to the invisible hand? [J]. Journal of Labor Economics, 1999, 22 (4): 723–765.

[116] Bezabih M, Gebreegziabher Z, Gebremedhin L, et al. Participation in off–farm employment, risk preferences, and weather variability: the case of Ethiopia [C] . African Association of Agricultural Economists (AAAE), 2010.

[117] Black A D, Kniesner J T. On the measurement of job risk in hedonic wage models [J] .Journal of Risk and Uncertainty, 2003, 27 (3): 205–220.

[118] Blau D, Riphahn R. Labor force transitions of older married couples in Germany [J] . Labour Economics, 1999, 6 (2): 229–251.

[119] Bradley S, Crouchley R, Oskrochi R. Social exclusion and labour market transitions: a multi–state multi–spell analysis using the BHPS [J] .Labour Economics, 2003, 10 (6): 659–679.

[120] Fabbri F, Haskel E J, Slaughter J M. Does nationality of ownership matter for labor demands? [J] . Journal of the European Economic Association, 2003, 1 (2/3): 698–707.

[121] Hasan R, Mitra D, Ramaswamy K V. Trade reforms, labor regulations, and labor–demand elasticities: empirical evidence from India [J] .Review of Economics & Statistics, 2007, 89 (3): 466–481.

[122] Hienghe D. The effect of employment risk outpt in the city analsis of cargohanling operatins [J] .Physica–Ver–lagHD, 2002 (2): 97–109.

[123] Ito T, Kurosaki T. Weather risk, wages in kind, and the off-farm labor supply of agricultural households in a developing country [J].American Journal of Agricultural Economics, 2009, 91 (3): 697-710.

[124] Krishna P, Mitra D, Chinoy S.Trade liberalization and labor-demand elasticities: evidence from Turkey [J]. Journal of International Economics, 2001, 55 (5): 391-409.

[125] Low H, Meghir C, Pistaferri L.Wage risk and employment risk over the life cycle [J]. The American Economic Review, 2010, 100(4): 1432-1467.

[126] Mishra A K, Goodwin B K. Farm income variability and the supply of off-farm labor [J]. American Journal of Agricultural Economics, 1997, 79 (3): 880-887.

[127] Mitra D, Shin J. Import protection, exports and labor-demand elasticities: evidence from Korea [J].International Review of Economics and Finance, 2012 (23): 91-109.

[128] Ranis G, Fei J C. A theory of economic development. [J].American Economic Review, 1961, 51 (4): 533-565.

[129] Rodrik D. Has globalization gone too far [R].Peterson Institute, 1997.

[130] Roper S. Product innovation and small business growth: a comparison of the strategies of German, U.K. and Irish companies [J].Small Business Economics, 1997, 9 (6): 523-537.

[131] Scheve K, Slaughter J M. Economic insecurity and the globalization of production [J].American Journal of Political Science, 2004, 48

（4）：662–674.

［132］Slaughter J M. International trade and labor–demand elasticities［J］. Journal of International Economics，2001，54（1）：27–56.

［133］Todaro M P. A model of labor migration and urban unemployment in less developed countries［J］.American Economic Review，1969，59（1）：138–148.